Building
The Desig
Construct
Frank O. G
Stata Cen

フランク・O.ゲーリーとMIT

ステイタセンターのデザインと建設のプロセス

ナンシー・E.ジョイス 著　松島史朗 訳

Stata

n and
tion of
Gehry's
nter at MIT

BUILDING STATA
The Design and construction of Frank O. Gehry's Stata Center at MIT
by Nancy E. Joyce, with photographs by Richard Sobol

First published in the United States by The MIT Press, 2004.
Publishied in Japan by Kajima Institute Publishing Co., Ltd. 2005.

This translation published by arrangement
with The MIT Press through The English Agency (Japan) Ltd.

はじめに

この本はフランク・O.ゲーリー設計によるマサチューセッツ工科大学(MIT)レイ・アンド・マリア・ステイタセンターの設計と建設の過程を、美しく、豊富な図版で紹介したものである。MITの沿革と現在のキャンパス建築の紹介にはじまり、施主の要求に対して建築家が描いたヴィジョンから素材や建設工法の選択まで、本書は現在最も注目される建築家の代表作が、いかにつくられたかを詳説した貴重な記録である。

ステイタセンターに期待されたのは、コンピュータサイエンス、人工知能、情報と意思決定システムや哲学といった「情報科学」を統合し、研究領域間のコラボレーションを促進する空間をつくり出すこと——ゲーリーのデザインは、日常生活と知的交流の場を下層階に配し、学習や深く思考するための空間を上層階に配することにより、柔軟でお互いに連携可能な研究空間を融合させながら、パブリックからプライベートへ段階的に移行していく空間を目指した。

結果生み出されたのは、倉庫のような空間の上に2つの高層棟を配した建築構成。建築は複数の屋外テラスに囲まれ、中央広場からも一望できる。これぞゲーリーの建築と主張する曲面要素は金属板で仕上げられ、マッシブな部分はこの地域やキャンパスに多く見られる素材である煉瓦で仕上げられている。

形態の美しさばかりでなく、彫刻的な建築が青空を背景に浮かび上がる様や、作業員がダイナミックにカーブした鉄骨に腰掛けている様子など、リチャード・ソボルによる写真が建設中の印象的な光景を切り取っている。

Contents

目次

Introduction

Planning

Design

Construction

Commer
Frank O.

ステイタ センターのデザイン／フランク

ntary
Gehry
・O.ゲーリー

MIT / Stata Center

マサチューセッツ工科大学／ステイタセンター

VIEW FROM NORTH
北側

ラッキー

ツインズ

ブッダ（左）とスター

キヴァ（左）とアキレス

アキレス

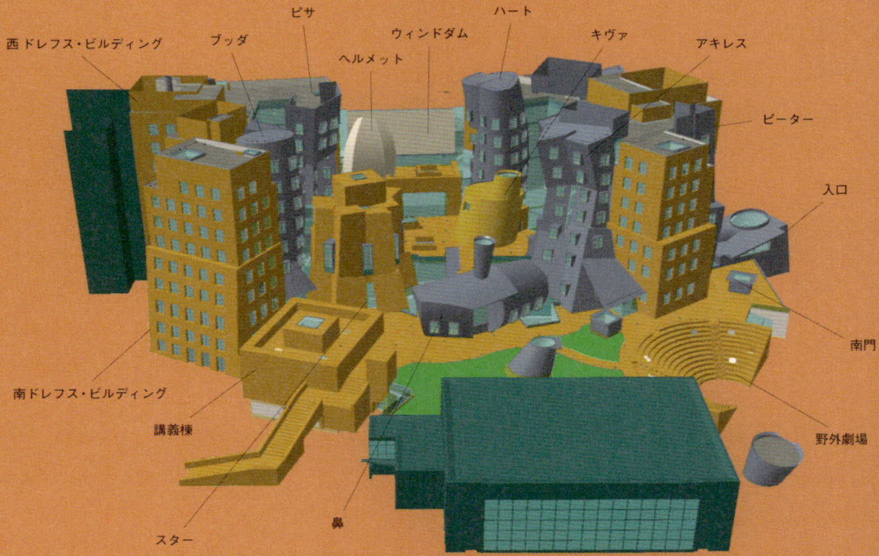

VIEW FROM SOUTH
南側

野外劇場

東ゲイツ・ビルディング

鼻

建築は進化しつづける

この建築に対する私の考えは（どの建築においてもそうであるように）つねに進化しているんだよ。私は先入観からデザインをはじめることはないね。私はクライアントとの相互作用を求めており、ともに働くことで、できるだけ彼らの建物となるよう努めているよ。私の役割はクライアントの要求を、形に昇華させることだからね。

私のつくろうとしている建物は、周辺環境に適合したもので、ヒューマンスケールをもち、人々の関心をひくものであり、彼らが本当にそこに行きたくなり、さらにはその空間の一部となって感動を味わえるようなものだ。私のやりたいことは、人々を彼らが以前には体験したことのない場所に連れてゆくという、魔法のようなものかもしれないな。建物が完成した暁には、人々にぜひ、そこに行きたいと思わせるようにしたい。

私自身は、努めて、設計の事務的な部分からは距離をおき、創造的な仕事はプライベートな場所で行うようにしている。スケッチはほとんど自宅で描くね。普通、家では周囲に誰もいないときを見計らって、ゆっくりと座り、プロジェクトについて考えを巡らせながらスケッチをするよ。寝つけないときなんかも、描いたりする。

2つのスケール模型でスタディ

われわれは、模型でのスタディをとてもたくさんする。ことに特殊なデザイン要素を模型で検討するときは、スケールを小さくして部分模型を作製し、各部分が大きくなり過ぎたり、のっぺりしたものになったりしないよう調整するんだ。(左の)ゲイツタワーの模型では、タワーを水平に分割した模型でデザインの検討を行っている。

だからわれわれは、2つの異なったスケールの模型で考えるようにしている。1種類しかつくらないと、その模型がすべてになってしまい、建物本来の目的を見失ってしまうからね。それに、2種類の模型をつくらないと、クライアントにデザインの意図を理解してもらうことがとても難しくなる。

パートナーズとの境目はない

できごとを形にできるかって? うん、設計の段階では模型を見ると、形をどうしたらよいか直感が働くんだ。さざ波のようなものだよ。ほら、石を池に投げ込むと波紋ができるだろう。その波紋が最終的な形に発展していくという確証がもてるんだ。そのとき、いろいろな部分の具体的なイメージができ上がるわけじゃないんだが、素材の詳細を突き詰めていくと、形になるんだよ。

私がスケッチを描き、そしてわれわれでデザインの方向を決める。誰と働くかによってやり方はさまざまだね。どこでフランク・O.ゲーリーの仕事が終わって、どこでゲーリー・パートナーズの仕事がはじまるかはなかなか線引きが難しい。終わりまで境目なく続くからね。

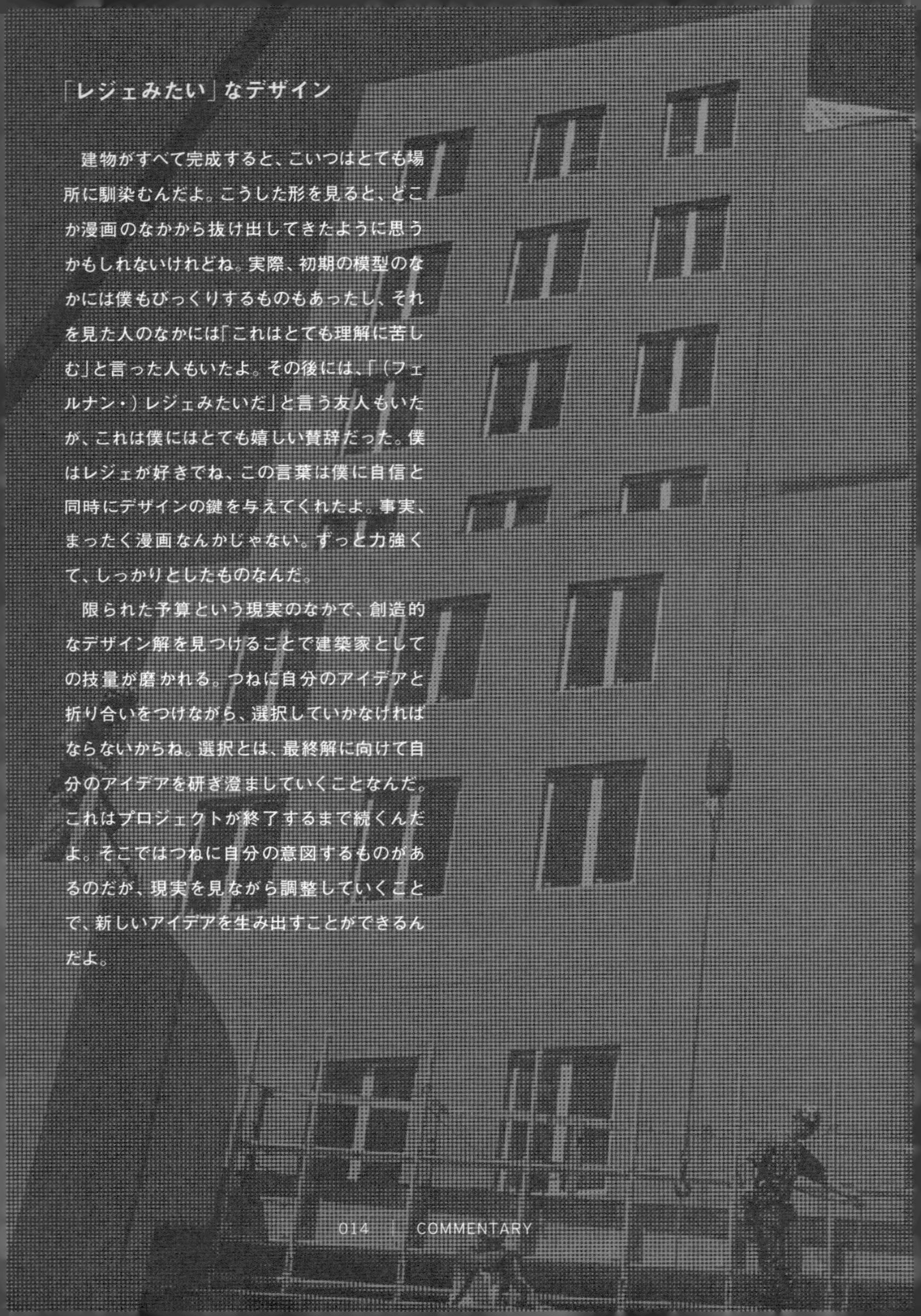

「レジェみたい」なデザイン

建物がすべて完成すると、こいつはとても場所に馴染むんだよ。こうした形を見ると、どこか漫画のなかから抜け出してきたように思うかもしれないけれどね。実際、初期の模型のなかには僕もびっくりするものもあったし、それを見た人のなかには「これはとても理解に苦しむ」と言った人もいたよ。その後には、「（フェルナン・）レジェみたいだ」と言う友人もいたが、これは僕にはとても嬉しい賛辞だった。僕はレジェが好きでね、この言葉は僕に自信と同時にデザインの鍵を与えてくれたよ。事実、まったく漫画なんかじゃない。ずっと力強くて、しっかりとしたものなんだ。

限られた予算という現実のなかで、創造的なデザイン解を見つけることで建築家としての技量が磨かれる。つねに自分のアイデアと折り合いをつけながら、選択していかなければならないからね。選択とは、最終解に向けて自分のアイデアを研ぎ澄ましていくことなんだ。これはプロジェクトが終了するまで続くんだよ。そこではつねに自分の意図するものがあるのだが、現実を見ながら調整していくことで、新しいアイデアを生み出すことができるんだよ。

スケジュールと責任

スケジュールを守るよう努めているよ。予算や時間に関するものを遵守することは、最終的に建築家にとっても強みになるからね。現実の仕事量を見極められず、予算や時間の制約は邪魔者と考えているようでは失敗してしまう。

大学というところは一種官僚的なところがあって、締め切り期日とか時間の制約は、彼らにとって、われわれほど重要ではないところがある。仮にわれわれが締め切りに間に合わなくても、余計にかかったコストを彼らが負担してくれるわけではないから、自分たちで責任を負わないといけない。学校関係者は、創造的なものを考えながらも、ある制約のもとに現実的な考えをもって欲しいと思う。われわれは、クライアントにじっと座ってわれわれの言うことを聞いていてもらうことはない。それは私のもののつくり方に反することだからね。われわれはクライアントをひき込んでいく。そうでなければMITもこれほどにはプロセスに関与しなかっただろう。

窓の模型は全部つくった。だからどこの窓が良くて、どこがそうでないかよくわかったんだ。それから窓をちょっと出したり引っ込めたりして調整したよ。

100人との創造

100人もの人間が、われわれとともにこれを形づくっている。クライアントの意見に耳を傾け、多大なエネルギーをもらうことで、われわれはものをつくっていくんだ。彼らと議論したり、びっくりさせるようなものを見せたり、興味を喚起したり、あらゆる手段を講じて既成概念の枠を取り払っていく──私はこうした過程が好きなんだ。完成した建物よりも好きといってもいいくらいだね。結局は、私にとって、その人たちがより大切だから、一緒に仕事をした人がもうその建物にいないという理由で、竣工後は訪れない建物もある。だから見には行かなかったんだ。

インテリアはご自由に

ステイタのインテリアはとてもオープンなシステムになっていて、利用者は自由にレイアウトを変更できるようになっている。われわれの了解なんてとる必要はない。特別なインテリアシステムだなんて考える必要はないんだ。システム自体も特別なものだなんて考えていない。シンプルなシステムであって、数年先もシンプルであり続けるだろうね。誰か変更したい人がいれば、店に行ってベニヤ板を買ってきて、釘で打ちつければそれで完了だよ。

私はこれをコントロールされた混沌、といういい方をしている。これはつねに民主主義と関連づけて考えているんだけれども、民主主義は多元主義であり、アイデアが衝突することなんだ。われわれの都市は思想の衝突の結果つくられている。外を見てごらん。ペイのビル（訳者注：I・M・ペイが設計した建物群のこと）があり、橋があり、遠くには何だか巨大な塊が見える。これが民主主義でなかったら、どれも同じものになってしまう。ステイタはこのアイデアを体現しているんだ。われわれが今生きている、民主主義をね。

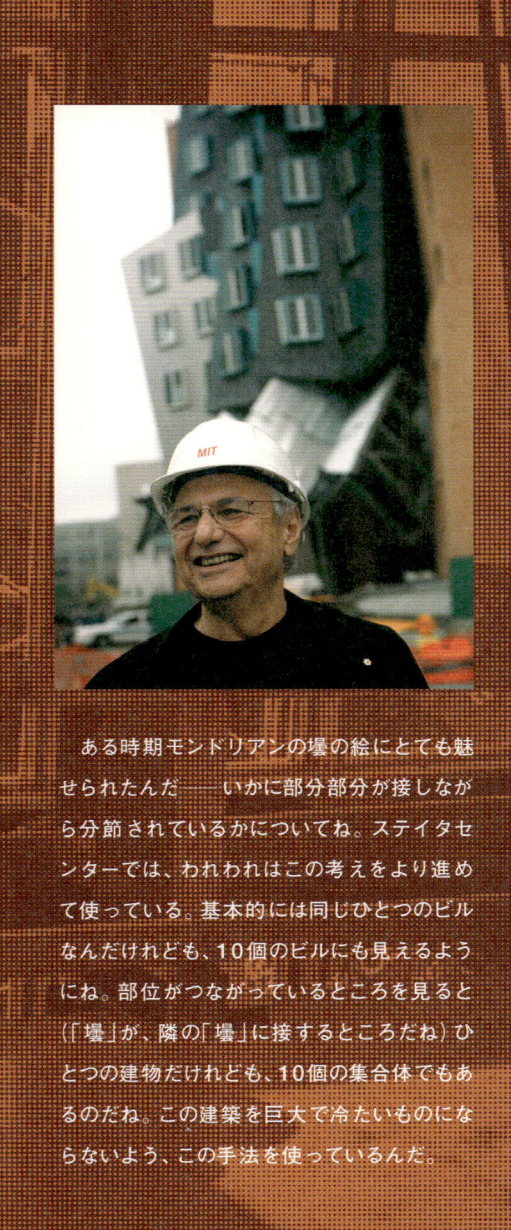

ある時期モンドリアンの壜の絵にとても魅せられたんだ――いかに部分部分が接しながら分節されているかについてね。ステイタセンターでは、われわれはこの考えをより進めて使っている。基本的には同じひとつのビルなんだけれども、10個のビルにも見えるようにね。部位がつながっているところを見ると（「壜」が、隣の「壜」に接するところだね）ひとつの建物だけれども、10個の集合体でもあるのだね。この建築を巨大で冷たいものにならないよう、この手法を使っているんだ。

建築の仕組みの革新

われわれは従来の建築の仕組みを革新している。スカンスカ（訳者注：施工を担当したゼネコン）やキャノン（訳者注：デザインパートナーであるボストンの建築設計事務所）も一歩踏み出してCATIAを使いこなしているよ。彼らはこの仕事で訓練を積んだからね。いくつかの業者は従来のやり方に固執せず、この仕事をより高い次元へ踏み出すための好機と考えてくれているよ。建設業には大きな変革が近づいていて、われわれはその先陣を切っているんだ。

ここで働く人々のエネルギー

この建築はここで働くグループの文化を映し出している。ここで彼らはお互いに知的な衝突を繰り返していくだろう。それがこの建築の強みであり、すべてである。これは誰にも予測できない。それ以外の時は自然との対話が創造の源となる。太陽や光は移り変わり、差し込む光の変化を感じ取ることのできる空間は人々をも変えていく。何か奇跡が起こっていく。

この建物が、中で起こっていることを表現しているのが気に入っている。私は、異なるグループや、アイデアの衝突、人々のエネルギーとアイデアを表現したかった。彼らはそれぞれのベクトルをもっていて、それらがあるときは偶然に、またあるときは意図的にぶつかり合う。それが革新を生み、いい結果を導いてくれるだろう。うまくいくこと請け合いだよ。皆が（訳者注：ハチが巣の中でブンブンいいながら働いているように）ここで働く姿を見るのが待ちきれないよ。

To the Japanese Reader

日本語版に向けて

最近では、私はステイタセンターに足を運ぶことはそれほどありません。設計と建設のプロジェクトで避けられないことのひとつは、完成すると私はプロジェクトから去らねばならないということです。完成した建物は、何か別のものや他の誰かの所有物となるのです。ある日まで現場への出入りは自由ですが、翌日にはドアはロックされ、入れてもらうためにはノックしなければなりません。小さな装置が次々に設置されるのを監督していたその翌日からは、誰かが彼ら自身に都合の良いように配置し直しているのです。その転換は難しいものです。再び訪れる機会を得て、建物がうまく機能しているのを見ると、われわれがそこに建設したものに新たな畏敬の念を覚えます。

ステイタセンターをキャンパスに建設することで、MITは不動産資産を増やしただけでなく、メインキャンパスの端部に目的となる場所を創造したのです。建物周囲の植栽は、ある部分では歩行者の眺めを覆い隠すぐらい成長しはじめているので、実際に建物に近づいていくとびっくりすることでしょう。

学生と教員たちは、1階のスチューデント・ストリートで思い思いの時を過ごしています。彼らは、サインや旗、その他のあらゆる種類のものによって、ストリートを自分の場所にしています。MITミュージアムによって長年にわたり大事に保存されてきたMIT hacks（訳者注：学生がゲリラ的に行うインスタレーション。「ハッカー」という言葉はここから来ているとも）は、このストリートに安住の場を見つけたようです。ストリートは彼らにとって最適な居場所のようですね。ストリートの規模と構成は、その通りをメインロビーや食堂がある賑やかな東の端から、静かに座れる場所とフィットネスや教室へのアクセスポイントとなる西の端へと移動するにつれて変化する、広い都市空間の特徴を備えています。

建物の上階へいくと、実際に人々がこの建物を使っているなという雰囲気を感じ取ることができます。各フロアの中心にあるラウンジ・エリアは絶え間なく使用されていて、この2層吹抜けのスペースでは、昼食を摂りながらの講演会、夜の個別指導、深夜の仮眠といった公式・非公式な活動が行われています。

フランク・O.ゲーリーの建築を語るとき、人々はその形態とボリュームに注目しがちです。ステイタにおいても、形態とボリュームは確かに驚異的ですが、ゲーリーのデザインは材料と造作の表現についても注目すべきものがあります。彼は材料の特性を限界まで確かめるために実験を行うのです。高級家具仕上げのように優雅なダグラス社の合板、石のように砥ぎだされた床のコンクリート、外装材として加工された煉瓦など、すべてがこの例です。また、彼はかなりの精度を要求しつつ、難しい角度で異なる材料を接合したりします。たとえば、ガラスや、煉瓦、金属が、コンピュータを用いて導き出した幾何学的な形に組み合わされます。これらの材料のそれぞれは寒暖差により独特の変形特性をもつので、それらの組み合わせは技術的、芸術的な挑戦なのです。これらの実験的利用は、製造業への挑戦であり、そして材料の使用方法と工法をより高度なレベルへと引き上げるものなのです。

ステイタセンターは、私がこうあって欲しいと願ったとおりの建築です。ゲーリーが、最初からきどった場所はつくりたくないと言っていたとおり、センターのどこへ行っても、建物が自然体で形式張っていないことは明らかです。とくに学生たちは、デザインの精神を気に入っているようです。コンピュータによってつくられた、見たこともないような窓に施されるデザインや、学生寮の部屋を連想させる家具の飾りつけ、思わぬところに置かれたヌイグルミなどのすべてが、人々がいかにこの空間を快適に感じて自分の居場所としようとしているかを語っています。それは、まさにフランクが成し遂げようとしたことなのです。

原著者、MITステイタセンター・プロジェクトディレクター／**ナンシー・E.ジョイス**

Stata Revisited

ステイタ再訪

ステイタセンターのデザインは、いくつかの点で伝統的な通念に挑戦している。最終的には、建物が使用されて成功するか否かは、これらの挑戦が成功したかどうかを示すものである。今までのところ、かなり成功しているように思われる。

大きな研究施設は、速やかに無駄なく建設するために、モデュール化して繰り返しを用いるべきであるということが、長く認められてきた通念のひとつである。以前ステイタの敷地に建っていた有名な戦時中建築の20号館は、この方法で設計・建設された。ブッシュ・ビルディング（訳者注：電気工学科の研究棟）のような、多くの戦後のMIT研究所建築も同様であった。だが、このアプローチは、その当時は意味をなしたが、今は時代遅れとなってしまった工業化時代の前提に基づくものである。ステイタは、非常に非反復的で、そのデザインは設計段階（とくに実施設計）における3次元デジタルモデリング、CAD/CAMを使った部材の製作、および、3次元モデルの座標を用いた現場での組立てにおけるデジタル測量とポジショニング等、広範囲にわたりデジタル時代の技術を利用することで、経済的にも効率良く実現された。その結果、ステイタの工程は通常と変わらず、かつ1平方フィートあたりのコストも、その年アメリカで建てられた類似の建物の平均と変わらないものであった。

第2の社会通念は、建物の表面積の体積に対する比率を最小限にすることが、外壁材料とエネルギー損失を最小限にするという理由から、効率的かつ合理的であるということである。これにより、平面形は奥行が深く、外形は直方体に近い形の建物がつくられてしまう傾向がある。しかし、最も重視されるべき建物のユーザーは、この建物形状により生じる環境をひどく嫌う。彼らは、自然の光、眺望、および、開閉可能な窓からの新鮮な空気を大いに望んでいるのである。真にこれらを実現することは、伝統的な通念を逆転して、高度に分節された外面をもつデザインとして表面積対体積比率を最大限にすることを意味するが、ステイタではそれを実行し、ユーザーは非常に満足しているようだ。

戦後の研究施設のもうひとつの原則は、住宅のように天井高を低く設定することであった。奥行の深い平面と相まって、外部とは少ししか接触せず、蛍光灯に照らされた薄暗く創造性に乏しいインテリア空間となっていた。しかし、じつは大規模建築の場合、戦略的に建物のボリュームを大きくすることは非常に安価で可能であり、かつ、光、空気、眺望を建物の最深部にまで導くことで、人間らしい環境をつくることができるため、非常に良い投資といえる。さらにまた、高い天井と大きな空間は、床吹出し空調システムと相性が良い。ステイタは、このように建物のボリュームを効果的に使っており、その結果、奥深く巨大な建物の中に閉じ込められているような感覚をもつことはない。

MITの古い研究施設の多くには、不透明な間仕切り壁とドアがある。これは、おおむねプライバシーを必要とする個々人の研究と学問の求めに対応したものである。状況によっては依然として有効だ。しかしながら、今日、研究はますます境界を越えた共同の活動となっており、より可視性とアクセスのしやすさが求められている。このことを背景として、ステイタのインテリアの大部分は非常に透明である。初めて入居した際、従来のスペースから移ってきた研究者の一部は、それを好ましく思わず、慣れ親しんだ環境を再現するために、ガラス上に紙をテープで貼りつけた。でも今、この紙ははがされている。

長い間MITの研究施設では、通路およびその他の「非生産的な」スペースを最小限とすることで、延べ面積に対する有効面積の割合を最大とすることが不可欠とされていた。それはまた、資金提供者からの圧力でもあった。しかし、これは科学者や技術者は単なる研究マシンではなく、さまざまな欲求や願望を持つ人間でもあるという認識を欠いたものである。さらに、才能ある研究者獲得を巡って激しい競争が繰り広げられるグローバルな環境においては、MITは科学者、技術者を失うことがないように、彼らを人間的に扱わなければならない。そのためにステイタは、保育施設、運動施設、飲食スペース、およびパブを備えている。そしてこれらは、非常に人気があるということが証明された。加えて、非公式のワークスペースとして、もしくは、談笑する場所として誰でも自由に使えるコーナーや奥まった場所を多数用意できるよう、通路部分は広く取られている。建物内の多くを占めるこのスペースは、賑わいのある社交の場を提供しており、「無駄遣い」であるどころか、おそらく建物で最も創造的で生産的な部分である。

完成から数年を経て、ステイタは、エンジニアリングおよび経済的合理性の原則とモダニズム建築の原理の枠組みのなかで、20世紀後半にMITに建設された研究施設建築へのアンチテーゼとして竣立している。今日、ポスト・ステイタの視点からは、これらの原理は、非合理的で置き忘れられた科学主義の表現のように思われるのである。

MITアレキサンダー・ドレフス建築・メディアアーツアンドサイエンス学科教授、前MIT建築・都市学部長 ／
ウィリアム・J.ミッチェル

Acknowledgments
謝辞

本書は、ほかのこの類の本のように、多くの人々による作品である。

はじめに、ステイタセンターの設計と施工のプロセスを記録することの重要性を理解してくれたロバート・ブラウンに感謝したい。彼の熱意と経済的援助がなければ、この本は決して実現しなかっただろう。

本書について初めて話し合って以来、クライアント代表であり優秀なコンピュータ科学者であるクリストファー・ターマンは、私の相談相手であり、本のコンセプトについて一緒に取り組み、必要な時には彼の作業スペースを提供してくれもした。彼はまた、30年間におよぶMITでの経験をもとに、本書イントロダクション（p.034-）を担当してくれた。

本書出版プロジェクトの早期では、電気工学コンピュータ・サイエンス学部長であるジョン・ガタグは、先のことを見越し、建築現場の撮影経験はないが優れたカメラマンを私のもとへよこしてくれた。彼、リチャード・ソボルは、ほぼ最初から私と一緒にプロジェクトに取り組んでくれた。彼の第三者としての視点と、人物への驚くべき観察眼は、建設チームの技術力と真剣な取り組みの証であり、また同時に本書の主要な要素である、一連の素晴らしい写真に結実している。リチャードの写真の迫真的な色や構図、奥深さとディテールの素晴らしさに、私はしばしば息を飲んだ。リチャードはまた、現場で多数の作業員にインタビューしたが、これはステイタ建設のストーリーの別の側面を描きだしている。

クリス、リチャードとヴァーン・アソシエイツ（訳者注：原書のデザイン会社、http://www.vernassoc.com/）のブライアン・ホッチキス、ピーター・ブライワスとともに、毎週、編集作業を行ってつくり上げたこの本は、共同作業の産物以外の何物でもない。ピーターのデザインセンスは、多岐にわたる内容の素材をうまくまとめ上げてくれた。編集担当のブライアンは、専門用語を専門家でも素人でも理解しやすいよう校正してくれた。われわれは、グループとして議論を繰り返すことによって、ストーリーの方向性を決めていった。本書の内容は、写真集といった性格のものから、ステイタセンターの設計と建設と同様にMITについての豊かで多様な情報を提供する書籍へと発展していったのである。

MITプレスの前ディレクターのフランク・アーバノスキ、前編集長ラリー・コーエン、MIT図書館長アン・ウォルパートには、協力と激励に感謝したい。MITプレス・ディレクターのエレン・ファラン、出版部長テリー・ラムロー、そして、すべてのスタッフに対して、複雑な出版プロセスについて手ほどきをいただいたことに謝意を表したい。あなた方の仕事は本当に素晴らしいものでした。

チャールズ・ベストMIT総長、ロバート・ブラウン学長および、前建築・都市学部長ウィリアム・ミッチェル教授には、時間を割いてプロジェクトに関して貴重なご意見をいただいた。彼らが取り組んでくれたことは、この新しい建物がいかにMITにとって重要かということの証である。

ジョン・カリー、ヴィッキー・シリアーニ、ポール・カーリーは、建設スケジュールが非常に厳しい最中でも、つねに私を支えてくれ、この本をつくるよう私を励ましてくれた。

フランク・O.ゲーリーには、自ら設計のプロセスと設計についての考えを解説することを快諾いただいた。解説内容の大部分は、フランクと建物を巡る過程で記録されたものである。

以下の人々の論評、コメント、言葉とイメージを引用させていただいた。スティーブ・ベンツ、フランシス・ボネット、マイク・デンプシー、エレン・ハンレイ、ポール・ヒューインズ、ロブ・ヒューイット、クリス・ケリー、ジョン・キビロスキー、トーマス・キム、サラ・カーシュナー、ウィルフリード・クラム、デーブ・ルイス、アレックス・マーチン、キース・マクピータース、キース・メンデンホール、トニー・モントリオ、ジェニー・オニール、マーク・サレット、ウォレス・フロイド事務所、ジェームス・リズリー、ビル・ゼイナー。あなた方のおかげで、文章が明瞭で正確なものとなった。

ステイタ・プロジェクトマネジメント・チームの私の同僚、ボブ・クンケルマン、フランソワ・エクシロム、デーブ・ルイス、ロブ・マクデビット、トニー・モンテリオ、サディー・ナリー、デビッド・シルビアン、スーザン・スクルパには、つねに関心をもって支援してくれたことに感謝したい。

そして、最後に、つねにサポートしてくれた夫、フレッド・グールドと、本の素材をまとめるのを助けてくれた娘マッケンジーに感謝したい。

ナンシー・E.ジョイス

最初に掘削が行われた2001年1月、私はステイタセンターの建設現場を初めて訪れ、安全管理者に現場を案内してもらった。彼は身の回りにある要注意事項や建設工程の危険を説明する際、重機のパワーについて私に教えるために体の機能を失う、障害を負う、そして潰されるという言葉を用いた。われわれは、私が写真を撮る間、介添者が付き添うことを条件に、現場に無制限に立ち入る権利を認めるという取り決めを行った。私は、ひとりで働くことに慣れていたのだが、写真を撮ることより、私の安全の方が重要であると考えられていたことに感謝した。

現場で親しく会話をし、注意してくれ、時には助けてくれた、キース・ブラウン、フランソワ・エクシロム、マッケンジー・グールド、ロブ・マクデビット、マイク・ピノ、スーザン・スクルパ、クリス・ターマン、そしてジェームス・リズリーに感謝している。

スカンスカUSAの現場監督たちは、つねに快く私の建設に関する質問に答えてくれ、見晴らしの良い場所ができると私に教えてくれ、そして私がコンクリート打設現場で立ち往生した際には、そこから脱出する梯子がどこにあるかを教えてくれた。ジェリー・アルバート、エド・デュボイス、ポール・ヒューインズ、クリス・ケリー、クロード・ルブランク、スコット・マッケンジー、アダム・マクシー、ニール・ウェブスター、ビル・ヤング、ありがとう。

写真家／リチャード・M.ソボル

Dedication

献辞

ステイタセンターは、ベストを尽くした男女による高質な職人技により今後何年も称えられるであろう。この本を彼らすべてに、そしてとくに誠実とお互いの信頼により後に続く者に対して確固たる基準を確立したマーク・サレット 、ポール・ヒューインズに捧げる。

Introduct
The Stat
in Contex

イントロダクション——ステイタセンタ

rion :
Center
kt

ーとそのコンテクスト

Introduction / Intertwined Destinies : The Charles River and MIT

織り成された運命：チャールズ川とMIT

正直なところ、フランク・O.ゲーリーのレイ・アンド・マリア・ステイタセンターは、マサチューセッツ工科大学（MIT）のキャンパスを構成する建築群から相当逸脱している。どうしてそのような結果になったのかを理解するために、周囲の建物がどういった経緯で建てられてきたのか、そしてなぜ今回異なった結果が得られたのかということを見てみよう。

植民地時代のボストンは、東と南は干潮時に干潟となる塩性沼地の河口の浅瀬によって、北と西は港によって囲まれた、半島の上に築かれた。この地理的制約のため、港の対岸エリアの開発が積極的に行われた。しかし、植民地時代のケンブリッジは、1636年にハーバード大学が設立されたにもかかわらず、ボストンからは、チャールズタウン経由のフェリーで、もしくはロックスベリーか、現在ブルックラインとして知られる地域を経由する8マイル（約12.9km）の陸路のどちらかによってしかアクセスできない、小さくどちらかというと隔絶されたコミュニティであった。

1793年にボストンからケンブリッジまでの移動距離は、現在のロングフェロー・ブリッジの前身であるウエスト・ボストン・ブリッジの建設によって3マイル（約4.8km）まで短縮され、やがて、この橋を基点として商業と工業地

上：1776年。ケンブリッジは小さく、チャールズ川の河口北側にある、城砦で囲まれた村であった。干潟にある印は現在のステイタセンターの位置を示す

下：1878年。この港湾図はケンブリッジの工業の繁栄とバック・ベイの埋立てを示している。ボストン（BOSTON）のSとTの間にある3つの黒い点は、コープリー・スクエアのMITの最初の建物

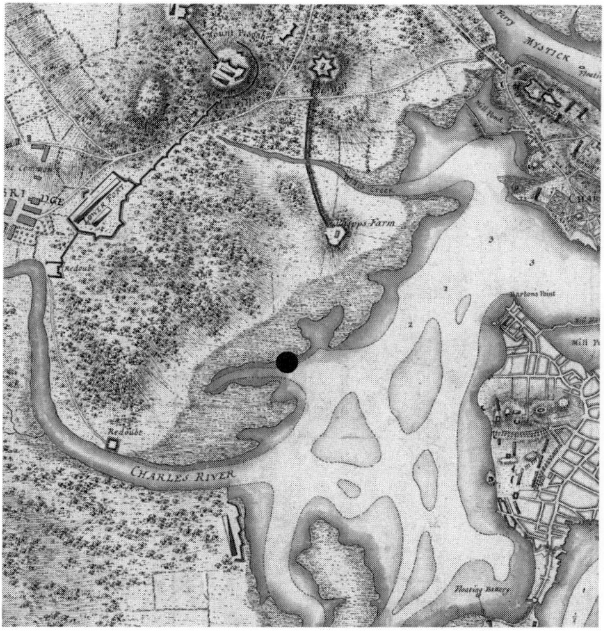

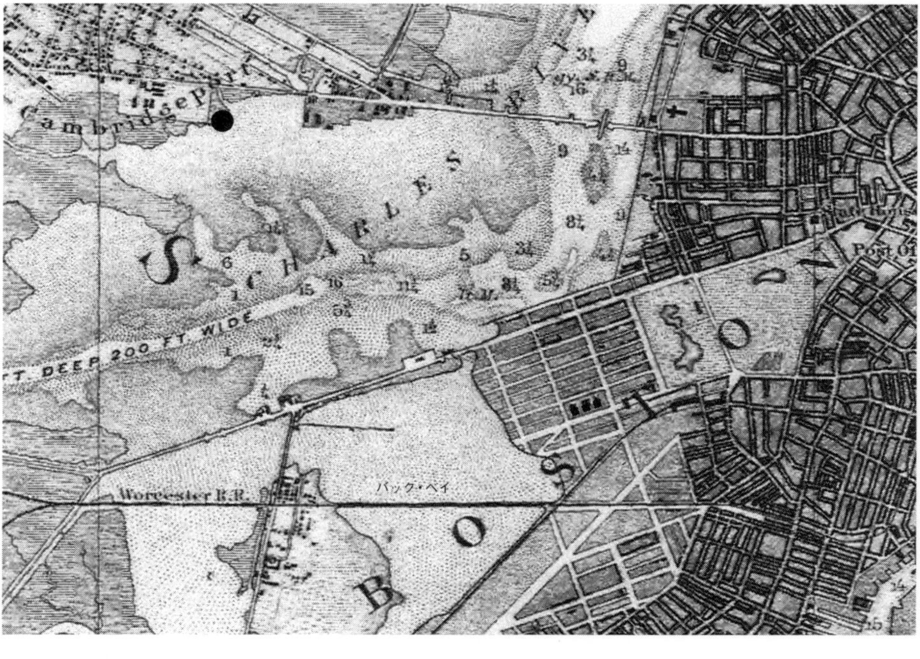

域が現れた。年月を経るにつれてそれらの地域は拡大合併し、1846年にケンブリッジ市として統合された。

一方、同様の工業開発がボストンの側でも起こっていた。1821年にロックスベリー・ミル・ダムが現在のビーコン通り沿いに建設された。これは潮力を利用した製粉工場をあわせもっていた。あいにく、ダムは日々の潮位の変化を緩慢にしてしまったため、増加の一途をたどっていたバック・ベイに流れ込む都市の下水を排出させる機能が悪化してしまった。1835年のウースター・アンド・プロビデンス鉄道の土手の建設が問題をより悪化させた。

1837年、市はボストン・コモンの近くに湾の一部分を埋め立ててパブリックガーデンをつくることで対応したが、湾の状態は悪化したままであった。1857年、ついに議会が動いた。浅瀬を埋め立てる権利を取得、ニーダムから埋立て用の砂利を購入し、バック・ベイを埋め立てる25年プロジェクトを開始した。

1859年、知事はこの新たにつくられた土地の一部を教育目的に利用することを提案した。ウィリアム・バートン・ロジャースは、「州全体にとっての工業技術と科学の進歩に大いに貢献するだろう」と主張して、工業科学の学校の設立を積極的に進めた。学校に対する彼の信念は、工業への応用の基礎となる科学の原理の研究を活性化して工学概念を知ることで、古くからの暗記中心の学習法から脱却することだった。1861年、ロジャースの3番目の請願書は議会によって承認され、バック・ベイに新しくつくられた土地の区画の1/3が自然博物館に、2/3がマサチューセッツ工科大学のために割り当てられた。そして1865年2月20日、15人の学生の入学で授業が開始された。その後の40年間で、学校はコープリー・スクエアの付近までキャンパスを少しずつ拡大させていった。

上：MIT創設時、ロジャース・ビルがコープリー・スクエアキャンパスのはじまりだった

下：1900年の保険会社のマップで示された敷地の下図から判断すると、ディベロッパーはもうひとつのバック・ベイがチャールズ川のケンブリッジ側で開発されることを望んでいた

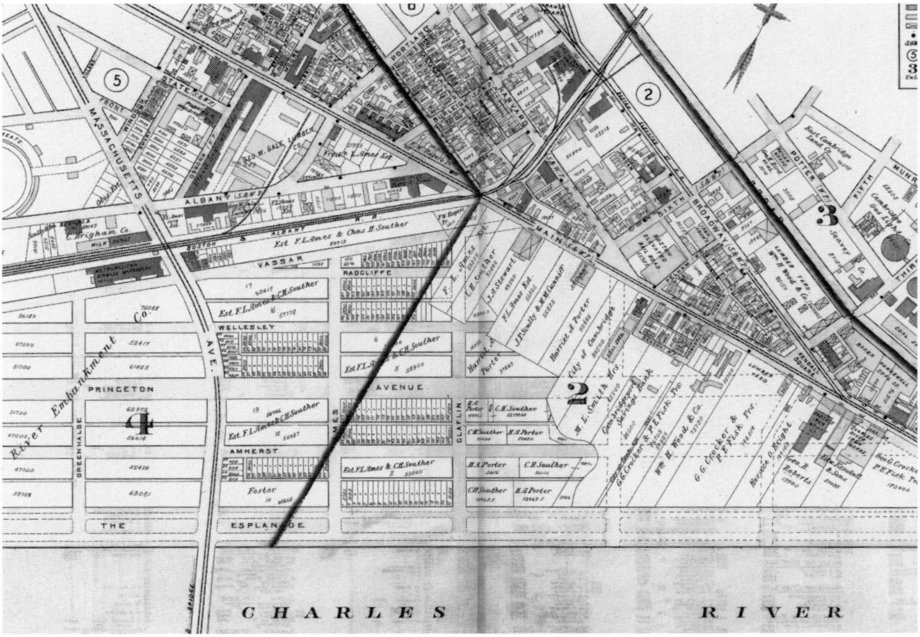

Introduction / Campus Beginnings

キャンパスの起源

1909年にリチャード・C.マクローリンがMITの学長になると、彼は即座に新しいキャンパス用地を物色しはじめた。1916年のキャンパス竣工式次第によると、「変化の時が来た、とすべての人が感じていました。コープリー・スクエアの建物は古臭く、手狭で、不便で、街の中心の古い敷地の周りにそれらを増やすことは不可能であり、また望ましくもありませんでした。たんに素晴らしい職場や研究所だけではなく、世界中から集まる学生のための寮が必要なのです。時は満ちたのです」。

マクローリンは、すでにMITのバック・ベイのキャンパスの、ちょうど川の対岸にある、未開発だった帯状の土地に注目していた。実際、彼は就任する前日に敷地を訪れ、のちのち購入できるよう手配していたのである。新しいキャンパスの取得のための、多額の寄付をしたT.コールマン・デュポント(1884年MIT卒業)は、マクローリンに大きなことを考えるように促した。「科学技術は将来、素晴らしい地位を獲得するだろうから、成長のための余裕をもたなければならない」と彼は説いた。1911年、マクローリンは775,000ドルでチャールズ川のケンブリッジ側に、新しいキャンパスのために46エーカー(約186,000m^2)の土地を獲得したと発表した。

しかしながら財政上の問題が着工を遅らせた。ボストンのキャンパス売却が法的な問題でうまくいかず、建設資金を集める必要が生じたのである（最終的には、1938年まで大学は古いロジャース・ビルディングを保有して、建築学科として使用していた）。できるだけ節約するために、デザインは大きく見直された。ファサードにはライムストーンの代わりに煉瓦を使用したり、メインのドームやその下の円形講堂をやめたりした。だが現在のキャンパスの住人にとって幸いにも、建築家はライムストーンとドームの両方を残すことに成功した（図書館を収容するという論理によってドームを残すことを正当化したのである）。

最初のコンクリートは1913年に打設され、1916年には新しいキャンパスが完成した。1,900人の学生と300人の教員たちを収容する、約100万平方フィート（約93,000m²）の教育、研究そして寮のための新しい建物が、700万ドル以下のコストで実現されたのである。建設には埋立地に固定するための25,000本の杭、500万個の煉瓦、貨車465台分のインディアナ州のライムストーンが用いられた。

バック・ベイの住宅地域からケンブリッジの工業地域への移転は、結果として良い選択であった。ケンブリッジ市は、より持続可能な教育活動を確立して、衰退しつつある工業用地を再生することをおおむね歓迎した。そして、現在キャンパスは150エーカー（約607,000m²）以上に拡大している。おそらくもっと重大なことは、ハーバード大学がつねに直面しているような、キャンパスの拡大と近隣住民との間の衝突が回避されたことであろう。

チャールズ川から見た、ウィリアム・ウェルズ・ボスワースによる新しいキャンパスの完成予想図。中庭の中心にある50フィート（約15.2m）の高さのミネルバの像は資金不足で実現しなかった

Introduction / Campus Architecture and the Infinite Corridor

キャンパス建築と無限の廊下

新しいキャンパスのために相応しいデザインを行うに際しては、多くの案が検討された。他の大学の数多くの計画を参考にし、施工方法や、照明、空調の最新技術が調査された。建築家として選ばれることを望むジョン・R.フリーマン（1876年MIT卒業）は、自己資金を使ってどのようなキャンパスがチャールズ川のケンブリッジ側に築かれるべきかを提案した。彼の提案は、「2000年ものあいだ人々の目を納得させてきた、ギリシアの古典的な形から建築ディテールと外観を抽出した」もので、「ボストンの厳しい気候の下でひとつの建物から別の建物へ、ときには吹きさらしの通路を通って移動することをさけるために」、ひとつに統合された建築であった。

フリーマンは、「大学の建築家が機能本位の建物よりもむしろモニュメントをデザインして、あまりにも外観に時間をかけ過ぎているという意見に強く賛同していた」。彼は7案目で新しいキャンパスのための彼自身の展望を示し、問題は内部から解決しなければいけないという、次の4つの信念を主張した。第一に、窓から十分な光を取り込まなければならない、第二に完全に制御された新鮮な空気を十分に取り込まなければならない、第三に効率性、および学生と教師の無駄な動きを回避する。そして第四に、学生生活の心理状態を考慮して、社会性の獲得と対人能力の向上を考えた建築計画が行われなければならない。興味深いことに、フリーマンの目標は、ステイタセンターの設計に際して建築家に与えられた課題とよく似ている。

1912年、ウィリアム・ウェルズ・ボスワース（1889年MIT卒業）が建築家として選ばれ、ストーン・アンド・ウェブスター・エンジニアリング・コーポレーションが施工者に選任された。ボスワースのデザインには、フリーマンのアイデアが多く反映されているが、中央の素晴らしい中庭とパンテオン風のドームを伴う校舎の最終的な配置については、トーマス・ジェファーソンのバージニア大学に多くを拠っている。キャンパス計画では、マサチューセッツ・アベニューに沿ってキャンパス西側に校舎を配置し、住居用の建物と運動場が東側に配置されている。

校舎の“メイングループ”（訳者注：キャンパスの中心的建物群）のためのボスワースの平面形状の原案は、当時の効率的で機能的な工場建築の影響を受けている。基本的な建物構成は、柱間が30か32フィート（約9.1mか9.7m）とされたが、実際の寸法は鉄筋コンクリート構造で可能な実用的かつ最大のスパンで決定された。この建物は幅8フィート（約2.4m）の廊下を中央に構成し、必要な長さに伸展したり階数分繰り返された。柱間は実験室や研究室として分割されたが、大きな機械を入れるためには分割せず複数階分の空間が使われた。これらの長く比較的幅の狭い“長方形のビル（バー・ビルディング）”は、長年の間に必要とされる多くの改修に容易に対応できることが証明された。実際、その後の多くの建築物が最初のメイングループが確立した雛形に従っている。エーロ・サーリネンは、「学問的な用途に対しては、古いMITの建物のような空間が、長期的には経済的であることを証明する好例であるように思える」と語っている。

相互に接続した中央廊下は、「無限の廊下」として皆に知られている（とくにInfinite Corridorと大文字にすると、それは8、4、10、3、7号館を貫いてキャンパスの中央を東西に走る762フィート（約232.2m）の長さの廊下を示す）。無限の廊下は、MITの文化の長所と短所の両面のシンボルとなっている。長所は、計画してもできないような生産的な会話をする出会いのチャンスを数多く生んできたことである。どのようにしたら科学と工学の専門分野

上左：長年にわたり、複数階分の高さをもつ機械室は学生にとってエンジニアリングの世界に直接触れることのできる場所であった

上右上：この1928年の航空写真は、キャンパスの西（左）側のメイングループと東側の寮と共用施設、運動場を示す

上右下：コンプトン研究所（26号館）は典型的な長方形のビル

下：良くも悪くも有名な、「無限の廊下」の一部

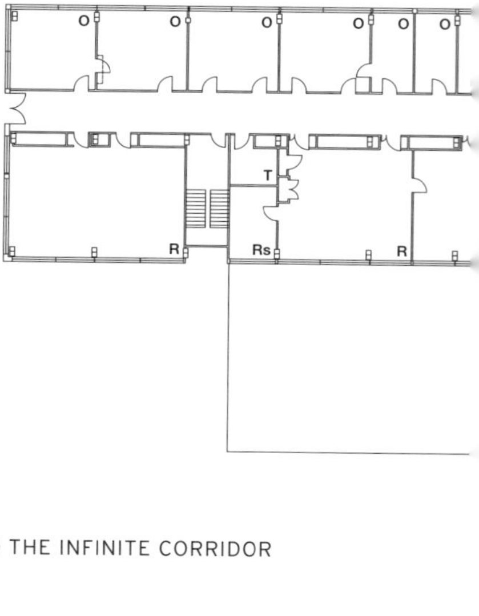

が相互交流できるかを、物的に具体化した好例であろう。

一方、短所は無限の廊下が匿名で人間味がないように思われることである。MITのコミュニティが10,000人以上の学生、950人の教員、そして8,400人のその他の従業員を擁するまで成長したので、通り過ぎる非常に多くの人々に圧倒されてしまう。無限の廊下はすべての研究室を通るので、以前は仲間を歓迎するために開かれていたドアは、今では他人から邪魔されないよう、閉じられてしまっている。したがって、無限の廊下は人々を結びつけるというよりは、孤立を生んでしまっているのだ。

O:研究室、Os：研究準備室、R：実験室、Rs：実験準備室、S：秘書室、T：交換機室、WC：トイレ、CD：廊下

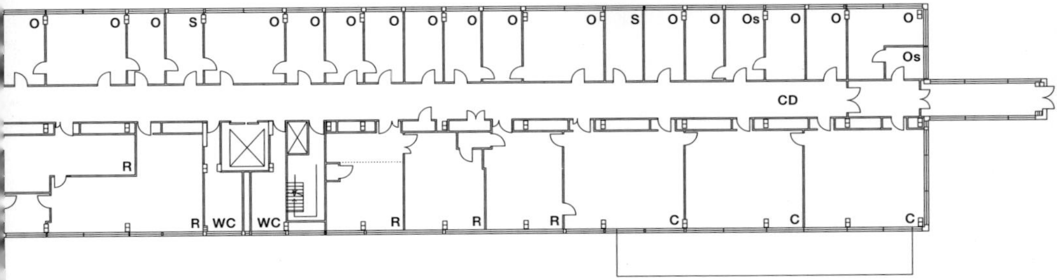

コンプトン研究所の平面図。中廊下で片側が研究室、もう一方の側が実験室になっている

Introduction / The Building 20 Era

20号館の時代

1920年代と1930年代の間、ロジャース、次いでマクローリンによってMITの計画は続行されたが、それは世界中から来る優秀で意欲的な学生と、科学と工学の研究に積極的に取り組む教授陣を惹きつけていった。キャンパスはゆっくりとだが、しかし安定した速度で、ボスワースが心に描いた計画に沿って“メイングループ”に増築していく形で成長していった。この時期にプラット・スクール・オブ・ナバル・アーキテクチュア（5号館、1920年）、グッゲンハイム航空研究所（33号館、1938年）、化学と物理学のイーストマン研究所（6号館、1933年）、そして、建築学部が入るロジャース・ビルディング（7号館、1938年）のような専門分野のための校舎が建設された。

第2次世界大戦は、科学技術の進歩においてMITが果たすべき役割について多大な影響を与えた。技術的進歩のための礎として、学術研究が根本的に重要であると固く信じていた大学の卒業生と教授陣は、多領域にわたる並み外れた生産性をもつ研究組織を立ち上げ、戦時中の科学技術者に課された任務をリードした人々の一員であった。MITにはそのような多くの研究機関が存在したが、最も知られているのは放射線研究所（20号館、RadLab）とサーボ機構研究所（22号館、ServoLab）である。

放射線研究所の一部は、キャンパスの北東部に急ごしらえでつくられた木造の建物群にあった。それらは典型的な長方形ビルの形式でつくられたが、後にはきどらない外観と非常に模様替えがしやすいインテリアで、時を経た建物のもつ一種の魅力を有していた。いくつかの建物は、戦後他の用途に利用され、22号館は600人の学生を収容する寮に改造されて、1950年の中ごろまで使用された。20号館は、1999年に取り壊されステイタセンターに道を譲るまでの間、研究室、実験室、工作室、教育空間として使われ、そして鉄道模型（!）が置かれていた。その利用者たちは、20号館が数十年の間、公式にも非公式にも多くの研究活動を支えてきたことに敬意を表して、マジカル・インキュベーター（魔法の孵化器）と命名した。

戦時中研究所に流れていた、問題を解決しようという空気は、柔軟かつ官僚的でなく、その雰囲気のなかで生み出された成果が戦況を変えさせるという注目すべき結果を出した。それはまた、世界の科学技術への期待をも変えた。1945年、MIT学長のカール・コンプトンはこう書き記している。「この5年間で大学は、その前の80年間に普通の研究で使ったのと同額（1億1,700万ドル）を戦争に費やした。これには考えさせられる。もし平時に同じエネルギー、決意、そして財源がより良い世界をつくり出すために使われたなら、途方もなく大きなことが成し遂げられたかもしれない」。ここに込められた理念は、その後の半世紀の、大学の驚異的な成長を達成する原動力となった。

戦中・戦後の特需により、政府出資による研究が増えたことで、教授陣とスタッフの拡充と、新しい校舎の建設資金獲得が可能となった。これら双方は、助成だけに拠った場合に比較して、はるかに早いペースで整備されていった。需要と資金の両方を得て、MITは飛躍的に成長したのである。ケンブリッジに移転してから第2次世界大戦までの25年間で、大学は19の建物を増やし、床面積は倍の200万平方フィート（約18.6万m^2）となったが、第2次世界大戦後の25年間では建物は41増え、面積は360万平方フィート（約27.9万m^2）増加したのである。

048 | INTRODUCTION / THE BUILDING 20 ERA

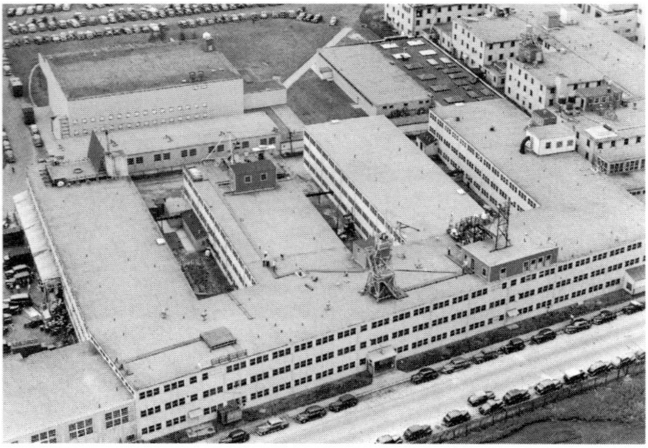

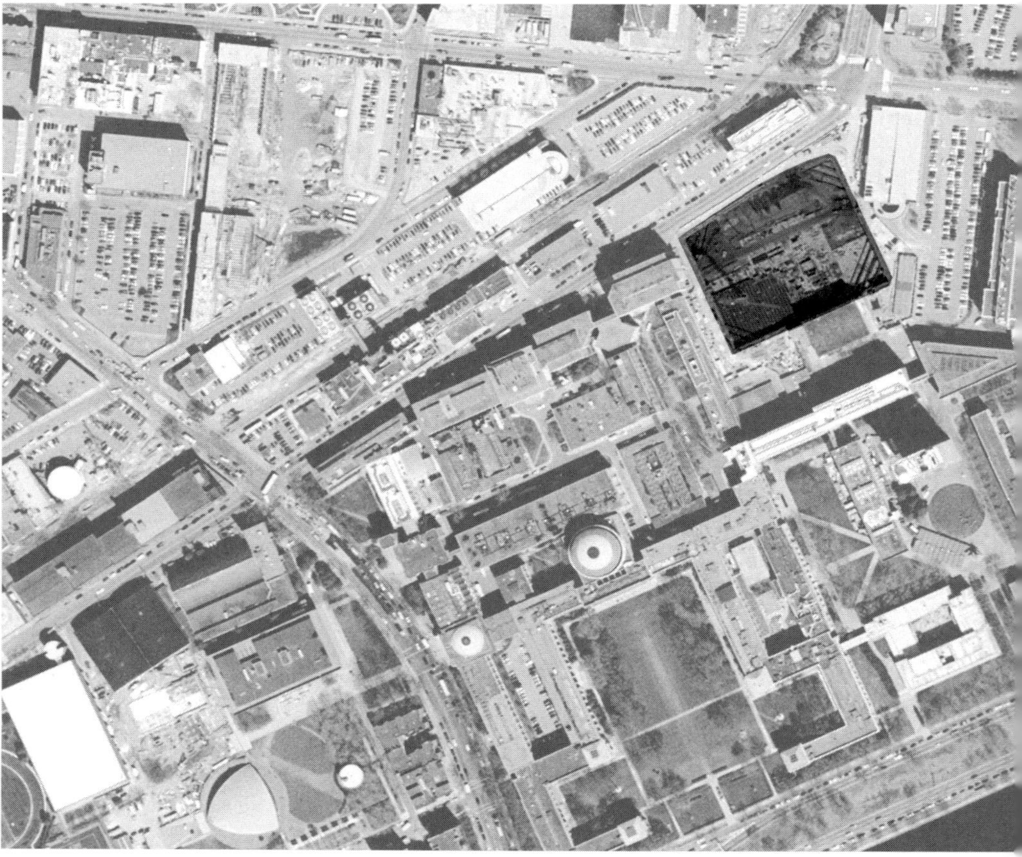

上：放射線研究所（RadLab）の本拠地である、20号館のヴァッサー通り正面からの眺め。屋根の上のレーダー装置のための架台に注目

下：建設中のステイタセンター——チャールズ川とMITキャンパス

Introduction / "High Tech" and the Northeast Sector

ハイテクと北東部キャンパス

1970年代半ばまでに、マサチューセッツ・アベニューとエイムス通りに挟まれたMITのメインキャンパス建設は、北東部分のみを残してほぼ完成していた。

最初の25年間、キャンパスのこのエリアは、当時マサチューセッツ州で2番目に大きな工業都市ケンブリッジのなかでも、活発な工業地帯に面していたため、ずっと裏側という位置づけであった。キャンパス周辺の工場は、ボイラー、カーボン紙、キャンディ、ファスナー、ピクルスそしてタイプライターリボンといったさまざまな製品を製造していた。しかしながら、第2次世界大戦後、これらの多くは古びて時代遅れの建物群を残して他の場所に移転してしまった。

キャンパスの北側と東側は、テクノロジー・スクエア（ポラロイド社の本社所在地）の建設や、6,400万ドルをかけて行われるNASAエレクトロニック・リサーチ・センターの建設用地にケンドール・スクエアが選択されたことで再開発に火がつく1960年代半ばまでは衰退した状態であった。NASAが月に着陸した1969年の後にすぐ撤退したため、この開発はいったん頓挫したが、政府がMITキャンパス近辺で大規模な事業計画を行うため、600万ドルの支出を決定し、1975年に再び復活した。これらの資金により、大規模なケンブリッジ・センターのオフィスビルやショッピングセンターの建設が開始された。幸運なことに、初期のハイテク産業はより多くのワークスペースを必要としていたため、新規に建物の建設が必要だったのである。

1960年代から1970年代にかけて、コンピュータは科学や工学において、ますます重要な役割を果たすようになっていった。当時、高価で、部屋の大きさほどもあったコンピュータは、しばしば複数のユーザーによって共有されていた。しかしながら、コンピュータの回路やメモリを製造し組み立てる技術の急速な進歩と、回路の集積が進んだことにより、まず机サイズまで縮小され、1980年代初頭には机上に置くことができるボックスサイズに縮めることができた。安価なパソコンの出現は、仕事環境に大きな影響を与え、価格を抑えた周辺機器やパソコン同士をつなぐためのネットワーク、およびそれらを稼動させるソフトウェアに対する需要が大いに高まったことで、ハイテク産業は軌道に乗ったのである。

ハイテクの世界は多くの面でMITに影響をおよぼした。容易に入手可能である高性能コンピュータを使用することで、多くの技術者の仕事のやり方を変えた。情報技術は、研究者がコンピュータを用いたシミュレーションやワールド・ワイド・ウェブ（WWW）を使用することで研究開発の能率を高め、伝統的な実験装置を使用するときでさえも、研究者たちは結果データの収集や分析はもちろん、装置をコントロールするためにコンピュータを用いた。もはや多くの研究者たちは、机の上で、たったひとりで研究を行っていた。したがって彼らは、昔のMITの大型施設中心の研究室とは、まったく違う研究空間を必要としたのである。

このハイテク革命は、コンピュータ科学と材料と装置の領域において、新しい研究や教育プログラムの立ち上げに拍車をかけた。電気工学はすでに1921年以来、MITで最も大きな学部であったが、この分野への関心が増加するにつれて、1,100人の学部専攻学生と750人の大学院生を擁するまでに拡大した。コンピュータ科学や人工知能の研究室は、今まではキャンパスの外の賃貸オフィスにあったが、今ではMITの最大の研究室で、教員、職員、

上：1950年ごろ、MITのメインキャンパスの北側に広がる軽工業地帯。メイソン・アンド・ハムリン・ピアノ工場が手前に見える

下：1960年代初頭、MITの近隣では研究開発の施設が軽工業に取って代わり始めた。このテクノロジー・スクエア・ビルは、1963年以来、MITのコンピュータ科学研究の本拠地であったが、コンピュータ科学研究所は現在ステイタセンターの主要なテナントである

学生800人以上が所属している。そして企業の株価が上がるにつれて、好業績の技術関連企業を中心に、より多くの寄付が寄せられるようになった。新世代のハイテク起業家の寄付や、急成長しつつある研究成果で費用を回収することにより、新しい教育研究やキャンパスの建設に投資するための資金が得られたのである。

今一度、MITはキャンパスを大幅に拡張するための資金、動機、機会に恵まれた。レイ・アンド・マリア・ステイタセンターの設立宣言には、次のように目標が謳われている。

> メインキャンパスのひとつ屋根の下に、研究者が自身のみならず関連する研究領域の同僚と刺激し合えるよう、MITのコンピュータや情報や知能科学の研究者を集めよう。建物には、MITの教員陣の10%以上だけではなく、講義室、フィットネス施設、保育施設、駐車場、そして学生生活施設を収める。
> 効率よい設備を備えた建物ではなく、人間の生産性を改善するための空間を創造しよう。設備のための建築ではなく、人々のための建築を建設する。
> MITの21世紀のイコンであると同時に、再生された研究開発エリアとの窓口となり、キャンパスの北や東に向かう交通のハブを創造する最善の方法を考えよう。

MITの現学長チャールズ・ベストの言葉を引用すると、「今こそ、機会を逃さず効果的な方向性を発見するため、危険を承知で価値ある実験を行う好機である」。MITは多くの伝統をもつが、最も長続きしたものは、旧来の概念に捉われずに考えることで、創造的革命を推し進めてきたことである。この精神は、ステイタセンターの設計にも生きているのである。

クリストファー・ターマン

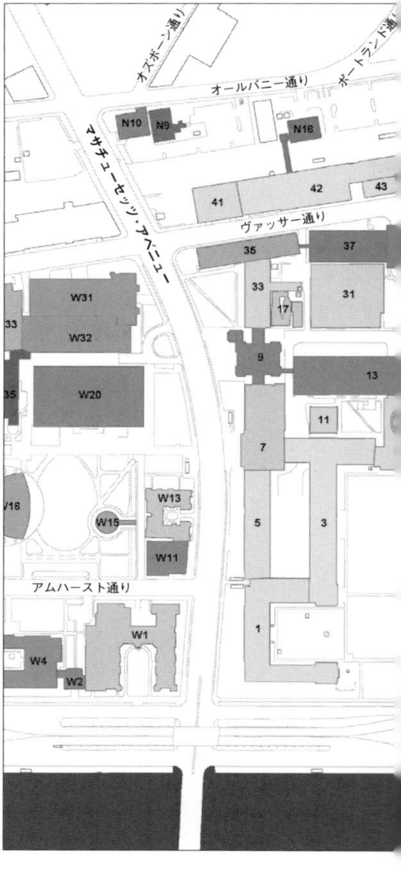

上：1963年のこのIBM大型コンピュータは、0.35MIPS（1秒間に35万回の命令を処理）に128KBのメモリを備えたもので350万ドルもした。40年後、2,000MIPS（同20億回）と1GBのメモリを備えた学生用のノート型パソコンが1,500ドルで提供されている

下：2004年のメインキャンパスの地図。各建物がMITの所有となった時期

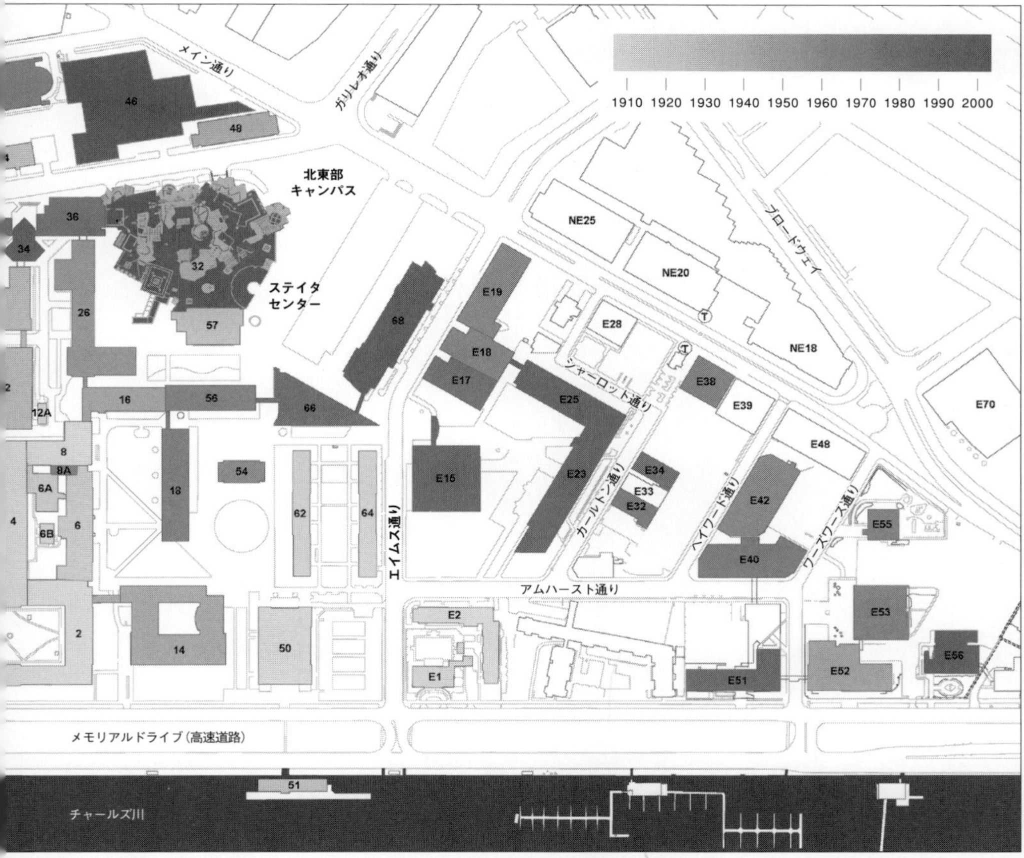

1910 1920 1930 1940 1950 1960 1970 1980 1990 2000
メイン通り
ガリレオ通り
北東部
キャンパス
ステイタ
センター
ブロードウェイ
シャーロット通り
カールトン通り
ヘイワード通り
ワーズワース通り
エイムス通り
アムハースト通り
メモリアルドライブ（高速道路）
チャールズ川
46
48
36
34
32
26
57
68
16
56
66
12A
8
8A
6A
6B
6
4
2
18
54
62
64
14
50
51
NE25
NE20
NE18
E70
E19
E18
E17
E28
E25
E38
E39
E48
E15
E23
E34
E33
E32
E42
E40
E55
E53
E56
E52
E51
E2
E1

Planning
The Intell
Village

プランニング——知的集落

ectual

Planning / The Site

敷地

20世紀初頭につくられたキャンパスの計画案で、建築家ウィリアム・ウェルス・ボスワースは、MITが購入した土地の1/4の面積を占める北東のエリアを、運動施設および運動場としていた。しかし、後年、大学はもともとある40エーカー（約16万m^2）の土地に対してマサチューセッツ・アベニューの反対側の西側に土地を購入し、運動施設機能をこちらに移しはじめた。1941年から1946年にかけて、北東部は戦時の野外訓練場や、レーダーのような戦争に関連した研究開発に使われる。そうして、戦争関連の施設がかつて運動場であった場所を埋め尽くしてしまったため、このエリアのすべての屋外運動施設は、ボスワースのオリジナルの計画のなかで、唯一ここに残されたプール棟を除き移動してしまった。

1946年から1989年にかけて、このエリアで建設された建物はすべて外周部に位置している。16、26、56、そして66号館の建設により、敷地の2つの側面をマッシブな建物群に囲まれ、北東部キャンパスはそのアカデミックな表情を見せることになった。実際、1960年ごろには北東部キャンパスは、前面に広がる、かつては工業地帯であったが新たに商業的に開発され活性化しつつあった地域に対して、大学の新たな玄関口となることが予想された。

1989年当時、北東部キャンパス（影のついた部分）はMITのキャンパスに最後に残された開発エリアであった。既存の20号館、東駐車場に加え、昔工場だった土地が新しい大学の建物に取って代わられようとしていた

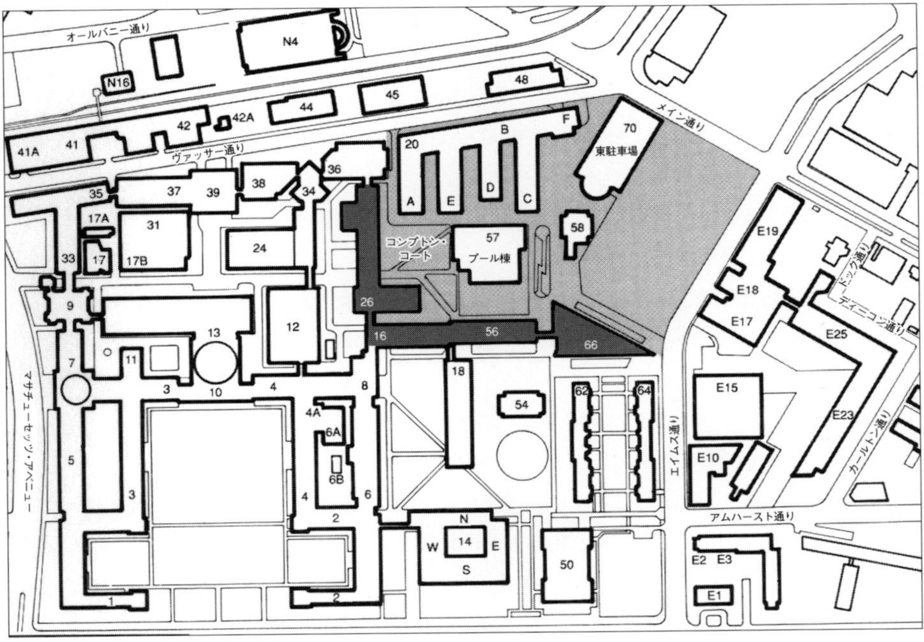

1986年に北東部キャンパスの角にある建物のひとつが買収可能となり、新しい生物化学研究所（68号館）の建設のため取り壊しが行われた。さらなる土地の買収と20号館の取り壊しは、新しい生物化学研究所の建設とその後に続く開発により、このエリアを最も有効に活用する新たな計画を立ち上げる契機となった。

ウォレス・フロイド事務所による1989年の計画案から、レイ・アンド・マリア・ステイタセンターの物語がはじまったといえるだろう。この計画案は、設計チームに動線、オープンスペース、サービス、そしてインフラ設備などについての問題点を提示していた。それはまた、このエリアに提案された建物の概略の面積配分を示していた。これらの建物の目的は簡潔にこう記されている。「建物は相互の交流を促進する空間を有し、内外の動線によってつながり、将来の多様な使われ方に対応しうる柔軟性をもち、オープンスペースは誰をも心地よく歓迎する空間になるだろう」。

この計画案は2つのパートからなっている。ひとつは基本的な評価基準をまとめたもので、もうひとつはそれらの基準を達成する方法を提案している。後者では新たな建物の大きさと建築面積が提案されている。建物の大きさは、当時の法規に準拠しながら、MITが望ましいと考える幅である68フィートから72フィート（20.4〜21.6m）程度とされたが、それは当時のサイエンスビルとして一般的に効率的で柔軟性のある寸法とされていたものである。敷地のレイアウトは、外周部に建物を集中させて、内側のキャンパスのスペースが最大限となるよう計画されていた。

生物化学研究所の建物も、大枠ではこの計画案で提案された基準に沿ったものであり、大きさやレイアウトもほぼこれを踏襲している。しかし9年後に情報科学のための新しいセンター（後のステイタセンター）を建てる資金が調達できた時点で新たに提案された建物は、1989年の計画案が想定したサイズより大きなものであった。加えて、サイエンスビルの計画に関する新しい考えでは、68〜72フィート幅の長方形のビルのコンセプトは過去のものと考えられるようになっていた。1989年の基準に添ってコンセプトが実現されるよう、大学は新センターの建築家の業務内容に、マスタープラン策定を含めることを決定した。このスタディは、ウォレス・フロイドの提案とその評価基準に基づきながら、それらを再検討し、見直したものとなると期待されていた。

新しいビルは、コンピュータとコミュニケーション学の研究者グループと、言語学と哲学の研究者のための施設となるよう考えられていた。35年の間、彼らのほとんどはキャンパスの外のスペースに間借りして仕事をしていたのだ。北東部キャンパスから20号館のビルを取り除くことにより、キャンパスのメインの部分に建つ複合建築に彼らをまとめる機会が生まれたのである。

レイとマリア・ステイタからの寛大なる寄付により資金を確保すると、大学は建築学部長、施設部のディレクター、そして互選によって選ばれた研究者からなる建設委員会が選定した16の建築設計事務所に対して、新しいビルのプロポーザルの提案要請を行った。事務所はまず5つに絞られ、それぞれ別々に1日がかりの面接に招かれた。この手続きを踏んだうえで、MITはカリフォルニアのサンタモニカを拠点とするフランク・O.ゲーリー・アンド・アソシエイツ（現ゲーリー・パートナーズ）を選定した。

面接と、その後、彼の事務所の作品を調査して明らかになったゲーリーの強みのひとつは、プロジェクトを全体的なコンテクストから考えることのできる能力だった。通常とは異なる彼のデザインプロセスとあいまって、この強みは、彼がこのプロジェクトに適していると大学に確信させるに十分であった。既存の敷地分析、大学とのディスカッション、たくさんの敷地模型、ウォレス・フロイドの計画案の基準の再検討等をとおして、ゲーリーはビル自体のコンセプトを構築しながら敷地計画を検討していった。ゲーリーの事務所は1998年に報告書を提出したが、そこには1989年に策定された基準を評価しながら、まったく異なる方法でそれらを実行することが謳われていた。

計画の最も視覚的な大きな違いは、敷地に対する建物の形状である。1989年の提案によれば、キャンパスにオープンな空間を最大限提供するために、建物は敷地の外縁部に沿って計画されている。ゲーリーのデザインは、北側のヴァッサー通りから建物を後退させ、建物の形をくずすことでキャンパスを街に対して開いている。さらにゲーリーのプランは、規格化された寸法による長方形の建築の概念に挑戦するものであった。研究者は自然光と外気を取り入れられる窓を求めており、ゲーリーは長方形以外の他の形態ならばこれをより良く達成することができると感じていた。また、ゲーリーのプランは、荷捌場を地下に設けて、車が公道であるヴァッサー通りから直接入りやすくすることで、北東部キャンパスから車両交通を排除するものでもあった。

デザインの過程では、その他についても1989年の計画が見直されていった。建設位置は卒業生の寄付によるプール棟のある方向に移動され、プール棟は新しい建築構成の一部として取り込まれた。また、地下にインフラ施設を設けることで地上にオープンスペースが生まれ、学生が自由に使用できるようになった。面白いことに、その手法はウォレス・フロイドによって思い描かれたものとはまったく異なっていたが、ゲーリーの提案する柔軟性、接続性、共同作業空間や学外に対して開かれたオープンスペースなどの基本的なコンセプトの根底にある精神は、非常に似通ったものである。

左：20号館は、レーダーを開発するための暫定的なビルとして第2次世界大戦中に建設され、1999年に解体されるまで研究スペースとして機能していた。この建物は、MITがケンブリッジキャンパスのために購入した土地の端部に位置しており、ケンブリッジ市の古くからの工業地帯に隣接していた

右：ウォレス・フロイドの1989年の計画の、スタディプランと模型によると、北東部キャンパスの建築計画では、他のメインキャンパスのビル群と同様に伝統的な長方形のビルを構想していたことが見てとれる。提案された建築群は、ヴァッサーとエイムス両通り沿いの既存の建物がつくりあげていた連続する外周部を完結させるもので、一連の中庭を生み出すものであった

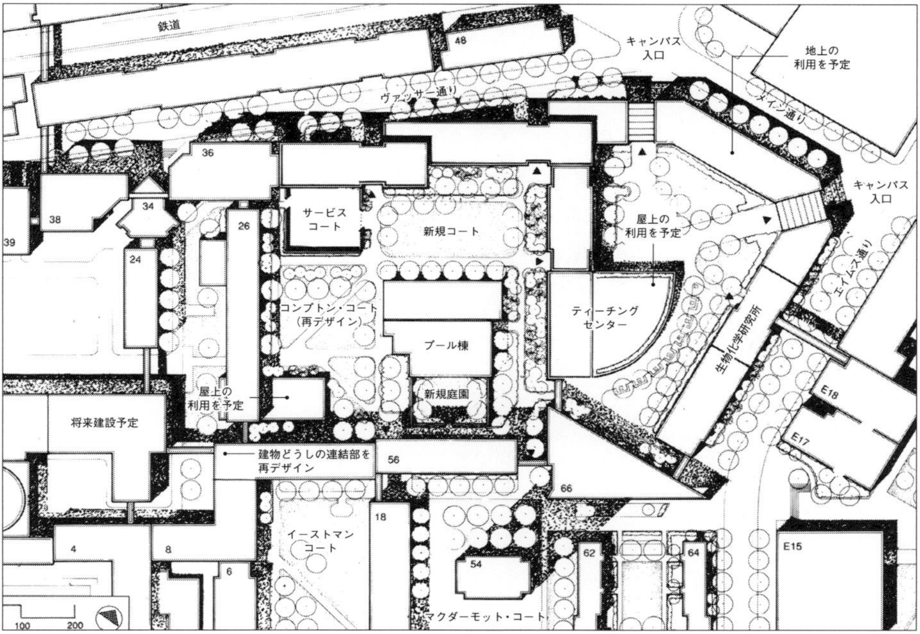
鉄道
48
キャンパス
入口
地上の
利用を予定
ヴァッサー通り
メイン通り
36
38
34
39
24
26
サービス
コート
新規コート
屋上の
利用を予定
キャンパス
入口
エイムズ通り
コンプトン・コート
（再デザイン）
ティーチング
センター
生物化学研究所
プール棟
新規庭園
屋上の
利用を予定
将来建設予定
建物どうしの連結部を
再デザイン
56
66
E18
E17
18
イーストマン
コート
4
8
6
54
62
64
E15
マクダーモット・コート
100
200

Planning / The Program

プログラム

ゲーリーの事務所はデザイン検討の一部として、ステイタセンターの将来の使用者である情報科学の研究者、主としてコンピュータ科学者によって設定された特殊な目標も取り入れていった。フランク・O.ゲーリーと彼らとのやり取りや、MITが本来もっている、新しいことを取り入れようとする姿勢などが、キャンパスマスタープランと建築本体の計画に影響を与えた。

研究者たちがこれまで取り組んできた研究には共通した目標をもっているものが多く見られ、とくに研究の最先端分野ではそれが顕著であった。しかし、ステイタセンターに入居する予定のコンピュータ・サイエンス研究所（LCS）、人工知能（AI）、情報決定システム研究所（LIDS）そして言語哲学学部（L&P）の研究者は、校内や校外の研究室などそれぞれ違った場所を提供されていた。MITの希望するところは、共通の課題をもつ最先端技術研究の相互作用を促進するよう、研究室構成に物理的につながりをもたせることで、これまでにない総合的な研究環境を創造することだった。

20世紀のMITの計画では、建物群を連結する無限の廊下が、共同作業を促進させる物理的な装置として認識されていた。それは、象徴として、また実際に学部間に存在する境界を曖昧なものとしている。この装置としての廊下は、多くの大学で見られるように、独立した学部がそれぞれ単独でまとまるのではなく、研究内容に合わせてチームが構成される大学文化をつくりだしている。レイ・アンド・マリア・ステイタセンターは、研究内容に合わせて組織が構成されることや、近隣の建物と連続していること、気軽にそして簡単に共同研究ができる場所づくりができ、そして、新たな研究のはじまりに合わせて容易に改造できる研究拠点の創造等の点でこの伝統を受け継いでいる。

レイとマリア・ステイタによる寄付を報告する演説のなかで、MITの学長チャールズ・ベストは建物の利用者に対してこう宣言している。

「20世紀の終わりに近づき、21世紀を迎える現在、情報技術はいたるところにあり、複雑ではあるがますます得やすいものとなってきています。技術的な進化の速度は目を見張るほどです。生活の質を高め、時間と空間の境界線を意味のないものとし、そして人の理解力を改善することによって、近代の情報技術を人間に役立つものとするためには、私たちには多くの困難とチャンスが待ち受けています。新しい建築、技術を統合する新しい方法、新たな情報市場、そして新しい原理の統一が開拓されなければなりません。MITの研究者たちは国際レベルの研究、教育、および産学官の協働を統合した創造的な環境づくりを通して、これらの重要な使命を遂行していく任を負っているのです」。

マスタープランや建物のプログラミングを開始する前に、MITの研究者たちはベスト学長のこの問いかけに対して、新しい建物に関する目標と期待をとりまとめ、それらがいかに彼らの研究の発展に貢献し得るかを示すことで答えた。この声明は、プロジェクト全体のプログラムを決定する際のガイドとなった。おもな内容は次のようなものである。

1　建物の利用者へ共同的で柔軟な研究環境を長期的に提供し、研究者どうしの頻繁な社交的かつ知的な交流が可能で、同時に外部の光と空気をふんだんに取り入れた研究拠点を創造すること。

2　建物の利用者は、それほど厳重ではないが効果的なセキュリティを介して、キャンパスの動線とつながっていること。これにより、開放的な研究環境、隣接する建物にいるリサーチグループとの連携、講義場所へのアクセス、無限の廊下との連絡が可能となること。このようなものを取り込みながらも、センター内でのプライバシーや、研究や、交流への影響は最小限に抑えること。

3　センターの建築表現は、研究と大学の本質を表出するものであること。それは期待と刺激を伝え、研究者の活気、大胆さ、創造性をうまくとらえたものであること。

4　環境に優しいシステム、製品、技術革新を探り、新技術を導入して建築性能を最適化すること。新技術を予測し、最終的にはそれらを建築へ取り入れてゆくこと。

新しいセンターは、3つの研究所とひとつの文科系学部の本拠地となる。ひとつの複合建築のなかでのこれら4つの融合は、建築プログラムの全体目標である。同時に、それぞれは独自の強い個性を保つこととなる。これらの2つの目標は、それぞれの境界と入口を別々にしながら、研究組織が相互に施設を共有することで成し遂げられている。1階の講義諸室と他のコミュニティ機能の施設が、センターのパブリックスペースを形成している。リサーチエリア内での移動は妨げられていないが、パブリックスペースからリサーチエリアへのアクセスは制限されている。

建物のプログラムの中心は、研究グループである。典型的なグループは、ひとりの教員もしくは主任研究員と、10～15人のスタッフによって構成される。3～5年間の補助金を資金として、コンピュータ、理論、ソフトウェア、ハードウェア、ロボット工学といった研究を実施するグループが招集される。個々のグループのスペースは、落ち着いて作業したり、アイデアを交換したり、同僚や来訪者、あるいは資金提供者に説明したりといったことができなくてはならない。グループのメンバーは、道具や本、資料だけでなく、ワークスペースをシェアするため、セキュリティは最も重要なものである。研究プロジェクトが変わってグループの規模が拡大する場合に備えて、物質的な境界は柔軟に変更できることが求められる。

研究所が建物の構成の大部分をなす一方で、ステイタセンターは言語哲学学部も擁している。研究所が小さく明確に区分されたグループからなるのに対し、言語哲学学部は基本的に2つの大きなグループにより構成されている。加えて、彼らの仕事の方法や共同作業を行うスタイルは、コンピュータ科学者のそれとは明確に異なっている。言語や哲学はより個人的なスタイルであり、共同作業においてもチームや小規模のグループというよりも、2人もしくは3人の作業となる。しかしながら、彼らとコンピュータの科学者間との知的な交流は、これまでにない刺激的な相互作用が起こりうる可能性を秘めている。この目標を達成するために、建築プログラムでは建物内のすべてのグループが利用する共用施設の必要性を重視した。

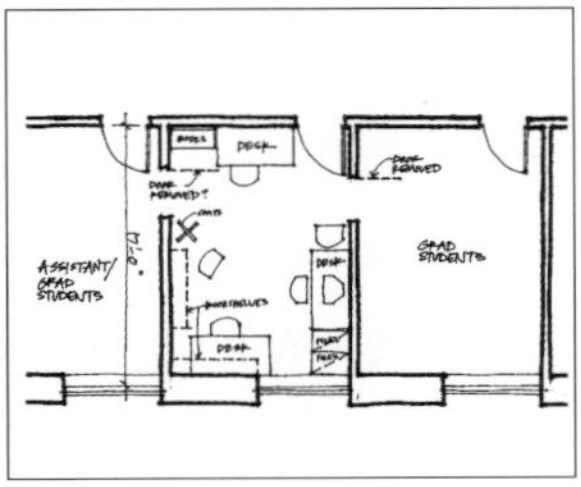

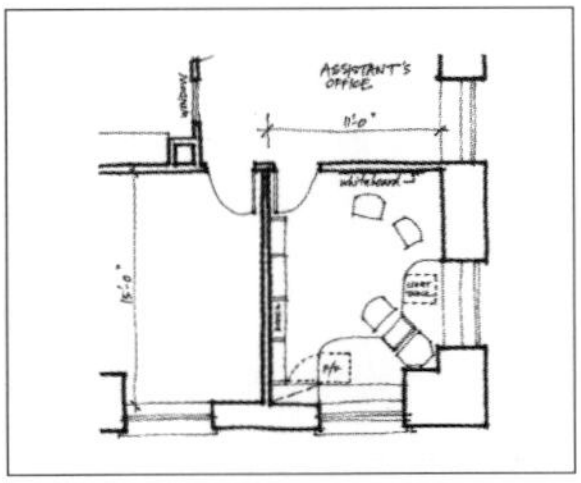

上：ステイタセンターの将来の利用者である研究者たちとの会話について、フランク・O.ゲーリーは、彼らに理想の研究室を語ってもらえばもらうほど、この写真にあるような、今現在彼らが使っている研究室のイメージに近づいてしまう、と語っている。彼に課せられた課題は、研究者にいかに異なった研究環境を思い描かせるかということだった

下：ステイタセンターの研究者の活動ではコンピュータが中心となるため、人間工学に加えて、コンピュータの電源から発生する熱回収、自然光から生じるグレア、中央処理装置の収納といった問題がオフィスのレイアウトや家具のプランニングの際に考慮されている

Planning / Urban Design

アーバンデザイン

1998年にフランク・O.ゲーリー事務所が提出したマスタープランでは、北東部キャンパスを周辺とどう結びつけるかを重要視していた。チームは、メイン、ヴァッサー、ガリレオの3つの通りが交差する部分の将来の開発が、どうすれば都市や社会のための空間へと進化し、大学とケンブリッジ市が相互に利益を得られるかを考えた。現在キャンパスの端であるこのエリアは、これからキャンパスが北へ拡張し、街がその周辺で発展するにつれ、いずれ開発の中心となるだろう。北東部キャンパスの真正面に計画された複合的開発や、最近のテクノロジー・スクエアの改修と増築およびMITによる買収、そして脳認知科学研究所がヴァッサー通りを挟んで向かい側に建設されることで、このエリアの街の表情が変化してきている。

加えて、大学は市と共同でヴァッサー通りの景観を一新し、通りは新たに舗装され、歩行者を優先した道路や自転車用の道が用意され、美しく植樹される。現在のホワイトヘッド研究所や新しいステイタセンターを含むこれら

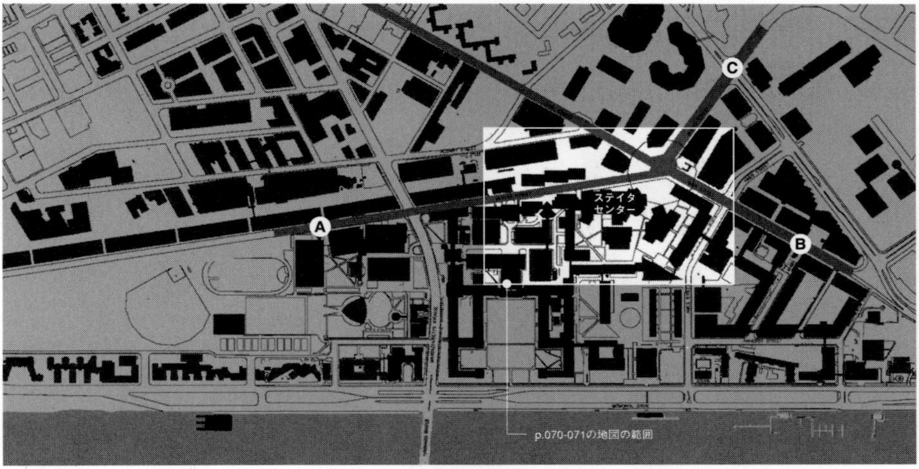

ステイタセンターは、歩行者と自動車にとってキャンパスへの2つの主要なアプローチである、ヴァッサー通り（A）とメイン通り（B）の交差点に位置している。また、ガリレオ通り（C）の正面に位置しており、ヴァッサー通り方向へ大きく左カーブを切ると、ステイタセンターが目に飛び込んでくる

の開発には、この場所の性格を明確に構成する仕掛けが必要であった。1998年の計画案では、ヴァッサー通りとメイン通りの角にこれらの開発を統合するような広場を配置することで、メインキャンパスへの新しい門ともなる大規模な公共空間がつくりだされている。

ステイタセンターは、メインキャンパスの北東部の開発計画の第2弾（第1弾は生物化学研究棟）としてつくられた。将来計画では、教育学習センターの建築と生物化学研究棟の増築が予定されている。すべてが完成すると、ステイタセンター、生物化学研究所の増築部、そして教育学習センターの講堂が新しいキャンパスの顔となる。また計画では同時にプラザ、コートヤード、広場、そしてルーフテラスといった多様な外部空間が提案されている。それらの空間は、ステイタセンター建設の一部として実現されるだけでなく、北東部キャンパス全体に展開されていくだろう。

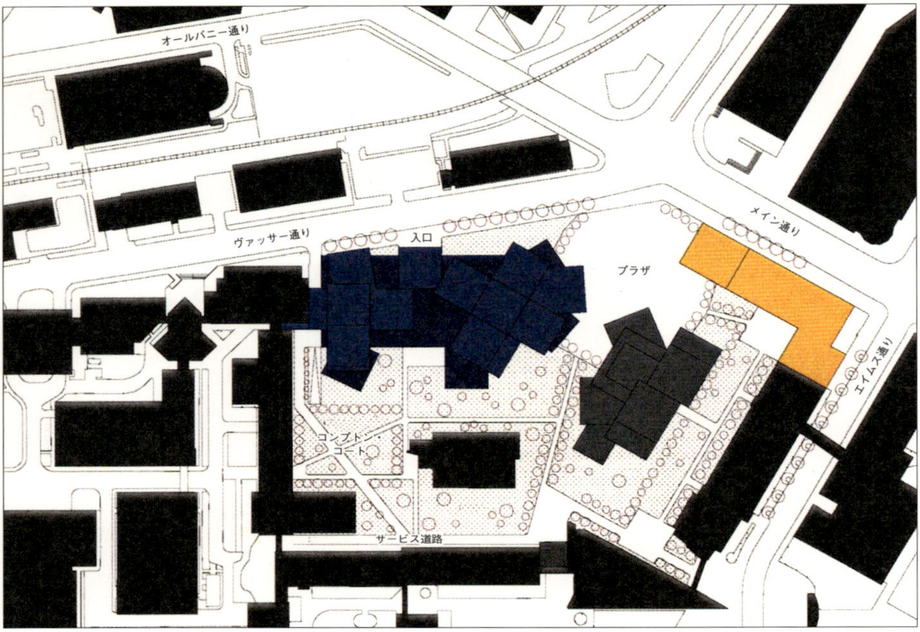
オールバニー通り
ヴァッサー通り
入口
プラザ
メイン通り
エイムス通り
コンプトン・
コート
サービス道路

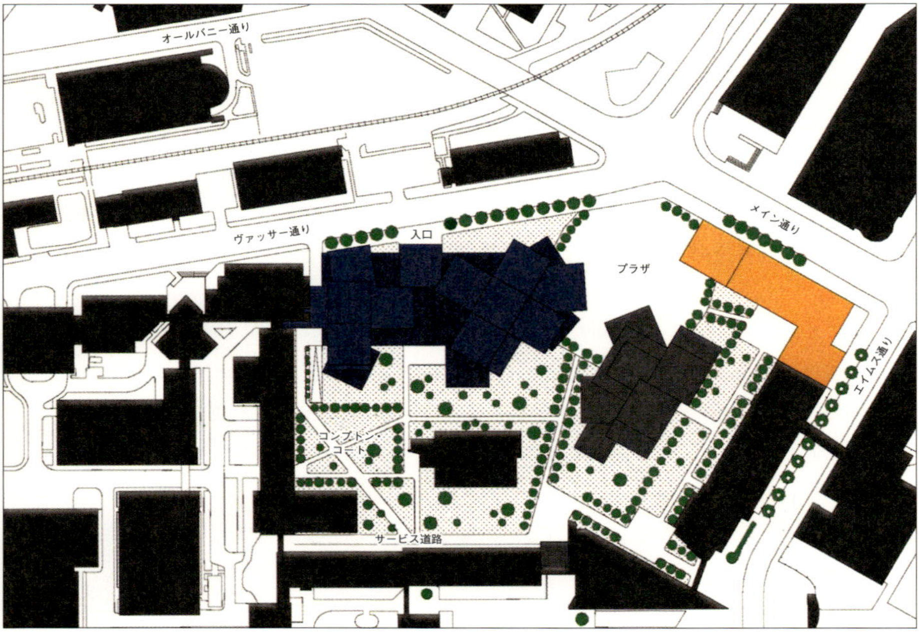
オールバニー通り
ヴァッサー通り
入口
プラザ
メイン通り
エイムス通り
コンプトン・
コート
サービス道路

初期のステイタセンターの配置図と模型には北東部キャンパス全体の計画が盛り込まれている。ゲーリーはステイタセンター本体とともに、センターが位置するキャンパスのマスタープランの将来像も提案するよう求められた。地上レベルの廊下計画、ランドスケープデザイン、そして地下のサービストンネルなどが、近隣する建物と将来連結可能なようにデザインされている

Planning / Massing

ボリュームスタディ

ステイタセンターの計画以前のMITは、ヴァッサー通りに沿ったグリッドパターンに従ってビルを建設していた。通りの両側でそのグリッドは異なってはいたが、グリッドに沿った建設はビル風を誘発し、通りに陽が射さなくなっていた。1989年のウォレス・フロイドのプランは、通りの既存のパターンを継承するという目的とともに、キャンパス内側に最大限のオープンスペースをつくりだすため、ヴァッサー通り沿いにこのグリッドパターンを拡張することを提唱していた。

1998年のゲーリーによるヴァッサー通り沿いの開発コンセプトはまったく異なるものであった。それは、太陽光が射し込み、建物のさまざまな要素を明確に表現することが可能となるよう、通りに面する新しい建物の大きなボリュームを解体するというものであった。メインとヴァッサーの交差点の近くでは、建物を通りからセットバックさせることにより、歩くことがより楽しいものになる。それはまた、交差点に人に優しい屋外空間をつくりだし、対面する街に対してキャンパスを開く空間となる。

ステイタセンターの建築ボリュームは、倉庫になぞらえられる基壇部分から2つの高層棟が建ちあがるという概念から構成されているが、これは基本的に、ゲーリーの事務所で検討された多様なタイプの建物が組み合わされたものである。

それは、ロフトのように柔軟性のある空間と、群生する高層棟の集合体を一体化させたものだ。この2つの象徴を組み合わせることで、多くの問題が解決できると同時に、内部の多様な空間構成を可能にし、建物を構成するそれぞれの要素に明確な個性を与え、建物のボリュームを解体する論理的根拠となるものである。2つの高層棟を2階建ての幅広い基壇の上に置けば、高層棟の高さを抑えられる。この構成とすることで、2つの高層棟に挟まれた建物の中央部が必然的に共有部分となる。

A

B

C

D

E

F

G

H

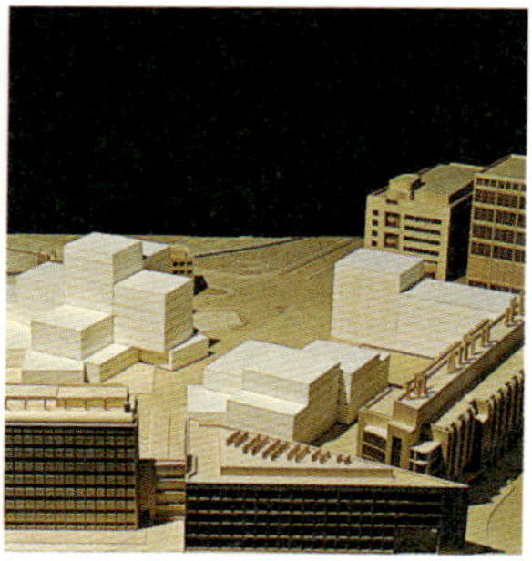
I

J

ボリュームスタディにあたって、デザインチームは1989年のウォレス・フロイド案で提案された通りに沿った長方形の建築（模型AおよびB）からはじまって、さまざまな案を検討した。スタディが進み、プログラムの要求条件が明らかになってくると、センターの形態はそれぞれの要素に分割されていく（模型C）。大空間を必要とする研究のために、増築が容易な平らな倉庫のような形状も検討された（模型D）。窓がある研究室への要望が多くあったため、十字型のプランが検討された（模型EおよびF）。倉庫と呼ばれる空間を組み合わせて、最終的に倉庫と高層棟のハイブリッドデザインがつくられた（模型H、IおよびJ）

領域を超えた研究のための大きな研究室を擁する低層部と、個室群のための高層棟というアイデアは、研究者たちによって作成されたプログラムの要求条件に応えたものである。それはまた、3人の主要な寄付者の名をそれぞれの部分に冠するのにも適していた

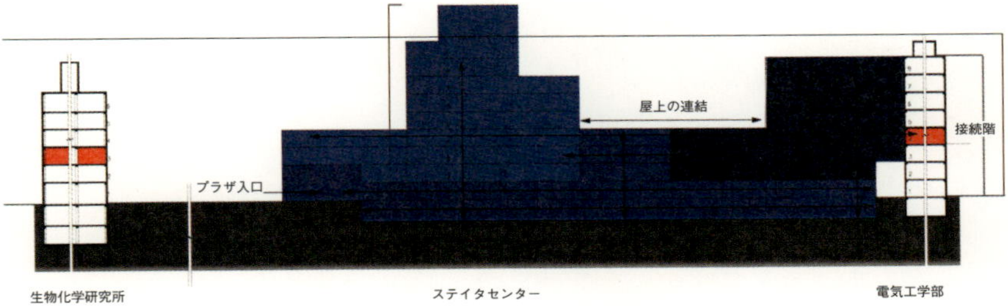

高層棟のタイポロジー

倉庫のタイポロジー

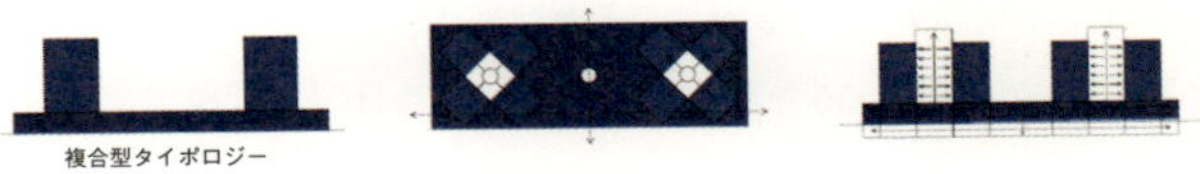
複合型タイポロジー

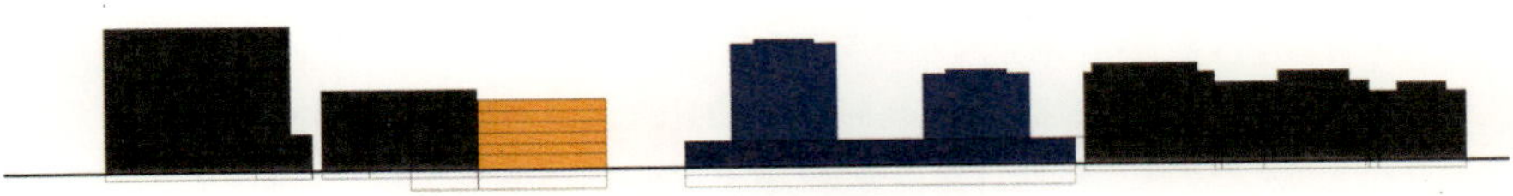
概略立面図

Planning / Campus Connection

キャンパス・コネクション

ステイタセンターとキャンパスとの関係は、MITの伝統である開放性と連続性を反映している。ステイタセンターの西側は、3階より上の階で36号館とすべてつながっていて、これら2つのビルの間の、2階以下の空間は、緊急車両用の入口となる。36号館には電気工学とコンピュータ・サイエンス学部(EECS)が入っているが、これはLCSやAI、LIDS、L&Pと強くつながりをもつ電子工学研究室の本部でもある。ステイタセンターの研究室と36号館の接続に加え、センターはさまざまな場所で"無限の廊下"と連絡されている。北西の末端では、スチューデント・ストリートが地上レベルでその無限の廊下につながっている。地階では地下通路が26号館につながる。

第2弾の増築では、地下通路は将来の教育学習センターを通って東に広がり、生物化学研究所につながる。それはまた、引き返す形でメインキャンパスの建物群と66号館と56号館でつながり、そこは将来、地下通路が地上とつながる、新しいエントランスロビーとなる予定である。この廊下には主要な教室群と講堂が配置され、高い天井のスカイライトから光が降り注ぐ活気ある空間となる。こうして東部分が連続的につながれて教室が加わると、それは36号館とステイタセンターの1階に設けられている教室の延長として機能する。

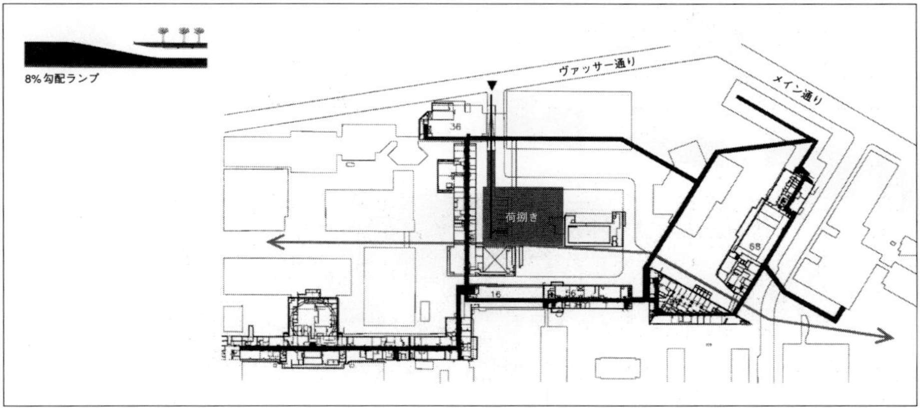

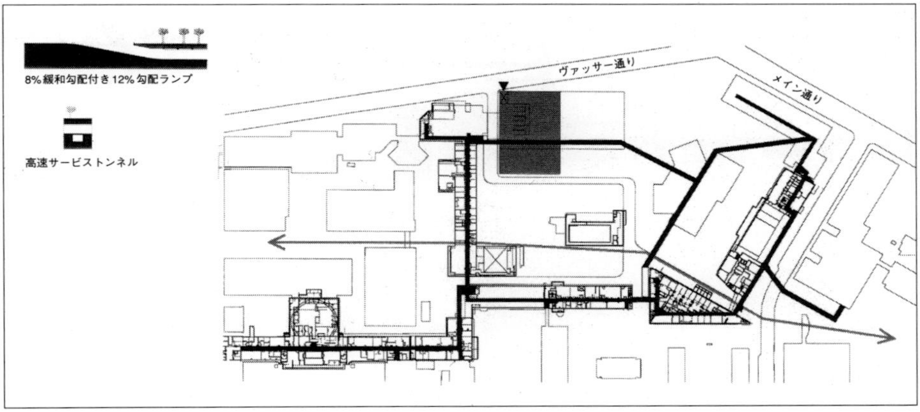

計画概念のひとつとして、MITは地下のサービス幹線の建設可能性も検討した。この幹線は、サービスエレベータとつながる脇通路を備えた幅広の高速度交通トンネルである。ステイタセンターには、地下に荷捌場があり、それは14フィート(約4.2m)幅の地下通路を通してキャンパス全体につながる。荷物用エレベータは、地上外部へ直接ものを運ぶことができる

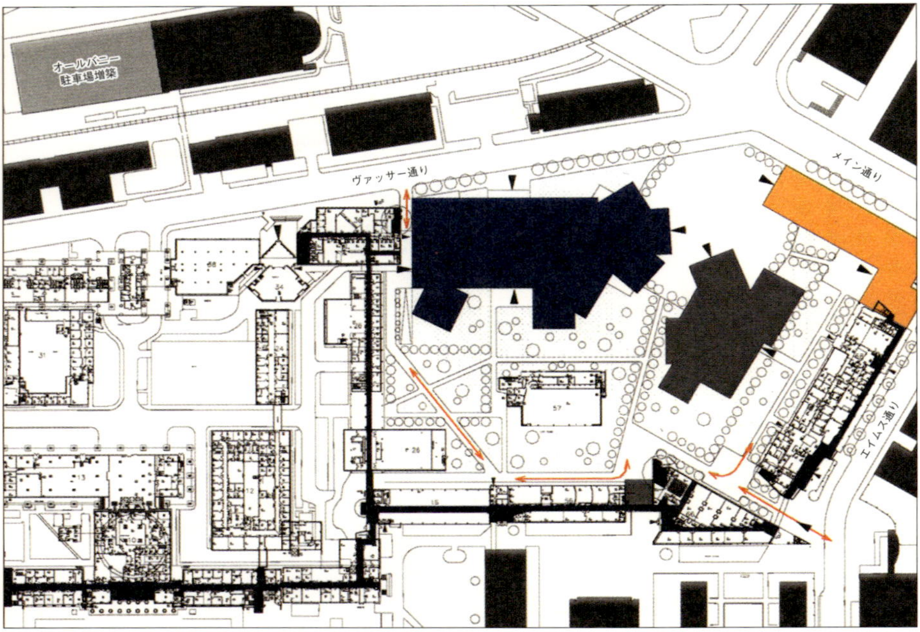
オールバニー
駐車場増築
ヴァッサー通り
メイン通り
エイムス通り

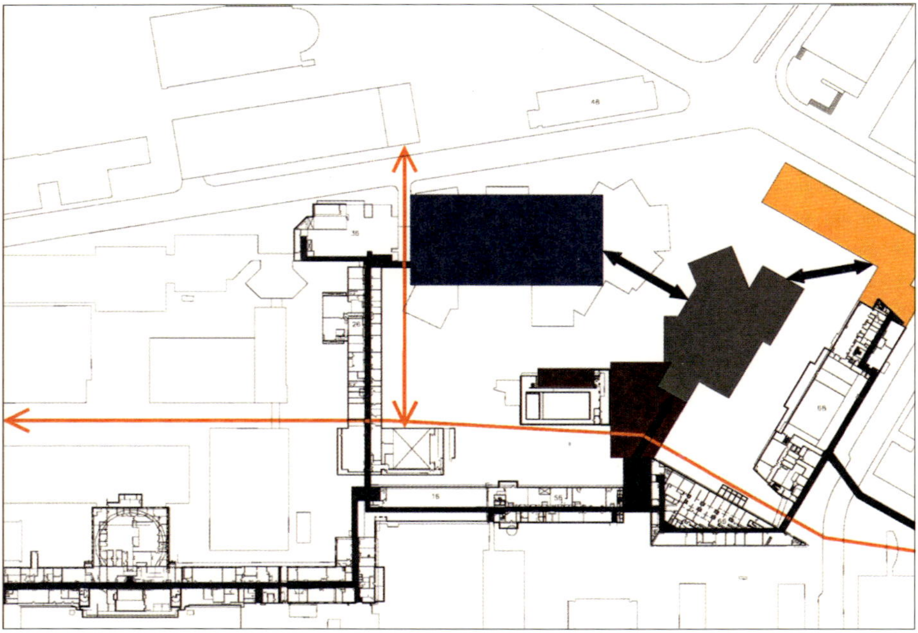

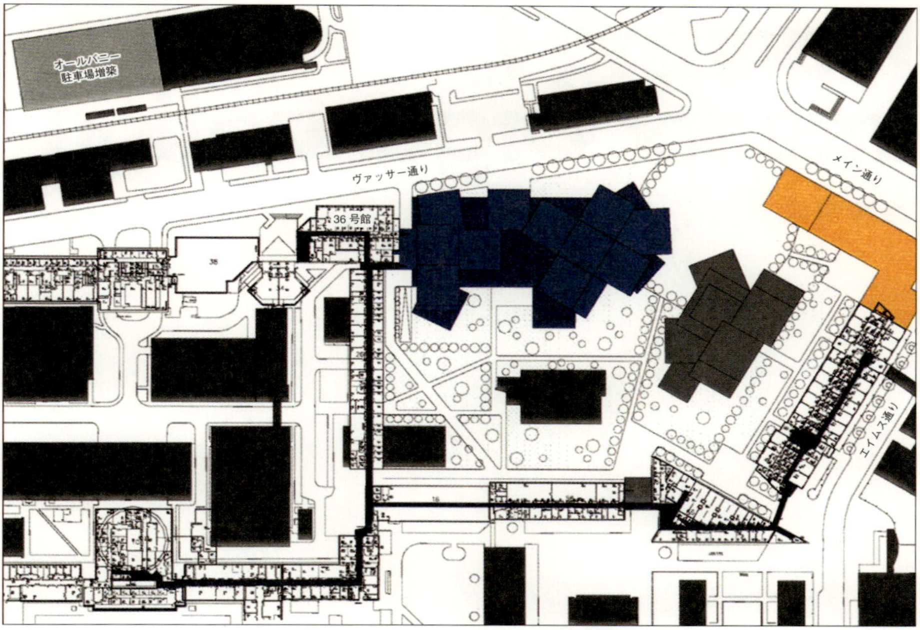

左上：ステイタセンター内とその周辺の交通パターンは注意深く考えられた。子どもの送迎車両と、サービス車両だけが入ることができるように制限されている

左下：無限の廊下（黒く直線的に塗られた部分）はMITの校舎のほとんどをつないでいるが、ビルの間を車両が移動する必要がある部分では中断されている

右上：4階部分では、キャンパス全体が同一レベルでつながるシステムである。ステイタセンターは36号館を経由してこのシステムにつながっている

Planning / Interior Organization

室内構成

閉鎖的な空間、フレキシブルな空間、自由に使える開かれた空間という3つのタイプのワークスペースが研究者たちのためにプログラムを検討する過程で現れた。たいていは研究室となる閉鎖的空間は、半固定の間仕切り壁によって区切られている。2つ目のフレキシブルな空間は、実験内容の変更に対応して開放的にするかしないかが決められる。これらは基本的には研究のスペースである。3つ目の自由に使える開かれた空間は、多くの場合ラウンジであり、使い勝手は良いが、場所や配置は固定されている。このような3タイプの執務環境が、プライベート空間、共同空間、社交空間を提供する。

プライベート（閉じた）空間

建築プログラムのなかで大部分を占めるプライベート空間は、教員、研究者、大学院生の研究室からなる。打合せの初期の段階では、部屋にはこれまでにない斬新なデザインが試みられたが、最終的には個室が残され、議論の焦点は比較的恒久的な環境にいかに柔軟性をもたせ、研究者を協働のために個室から引き出すかに移っていった。ゲーリーの計画提案は、改修の必要な室内の空間構成を決定するために、ゲーリーの事務所はこのような一連の相関ダイアグラムをつくった。これはグループのなかの異なるメンバーがどう交流するのか、そしてどのような共用設備が彼らに必要か検証するためである。グループの活動が集中する実験室や会議室が、それらの周りに組織される他の空間の中心となる

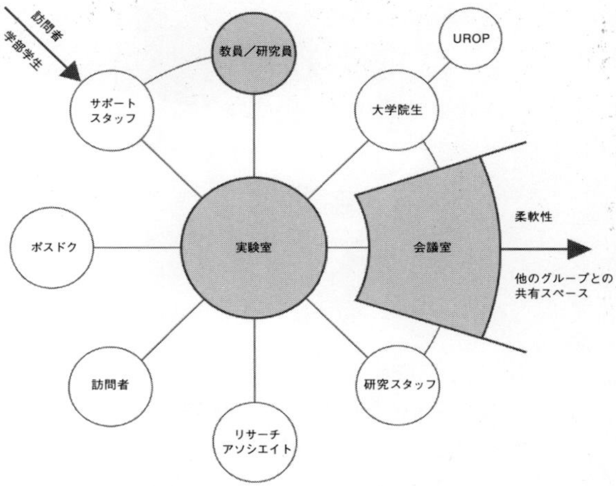

く、教員1名もしくはスタッフあるいはポストドクター研究員2名、もしくは大学院生4名を収容する個室を設けるものであった。研究室の1/3は教員1人のための個室であるから、鍵となるのは、度を超えた大きさになることなく、4人の大学院生が心地よく研究に取り組める個室の寸法と構成を見つけることであった。

各研究室には2つの明確なゾーンがあるという、すべての研究室に共通する基準がある。書類整理やコンピュータ作業を行うゾーンと、会話や説明を行うゾーンである。基準にあわせてワークステーション、快適な椅子、打合せテーブル、そしてホワイトボードが置かれる。それらに加えて、十分な遮音性能、開閉できる窓、外の景色、そして視覚的プライバシー等が主要な基準である。

共同（フレキシブルな）空間

建築家と大学の話し合いの中心となったのは、建物のメインの共同研究空間であり、全体の面積の40%を占める諸研究所のプログラム作成である。研

082 | PLANNING / INTERIOR ORGANIZATION

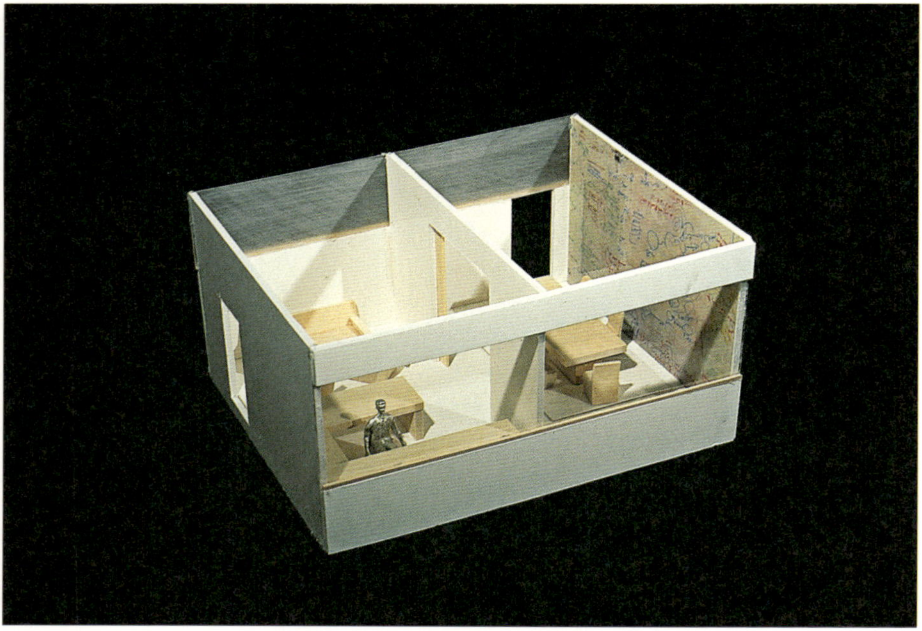

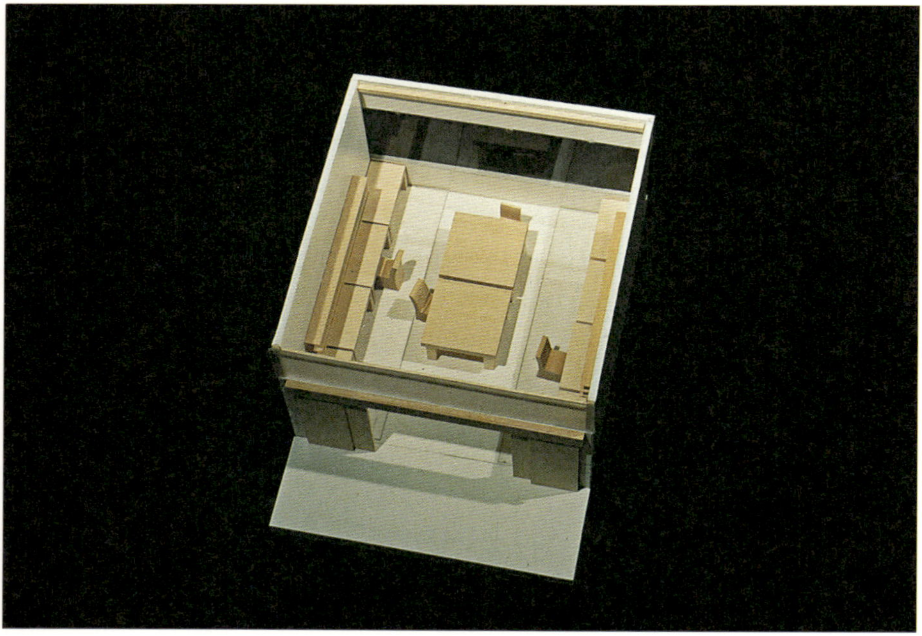

1名の教員、もしくは2名のポストドクター研究員、または4名の大学院生によって利用される200平方フィート（約18.6m²）の研究室がいかにフレキシブルに使えるかを検討した初期のスタディ模型。机、椅子、打合せエリア、ファイルキャビネット、書架、ホワイトボードといったおもな什器・備品のレイアウトも検討されている

究者グループは、研究組織という共同体のなかの、家族のような存在だ。ゲーリーが語るように、「科学者の視点からどのようにして彼らが自分の文化を理解しているかということと、私たちが建築家の視点から彼らの物理的環境を通してどのように科学者の文化を理解するかということの違いを観察した。われわれの姿勢は、他の文化の建築から学ぼうとするものだった。個人の空間については、これまでにない空間の考え方がクライアントの研究文化に相応しいものかどうかを試した。それぞれ異なった建築スタイルが、彼らが現状の環境のなかで欠いている特徴を示しやすいという条件で選ばれた」。

ゲーリーのデザインチームは、Japanese House (日本家屋)、Orangutan Village (オランウータン集落)、Colonial Mansion (植民地風邸宅)、Prairie Dog Town (プレイリードッグの街) の4つの文化 (2つは人間の文化で、残り2つは動物の文化) を検討のために選んだ。

Japanese House《日本家屋》:伝統的な日本の家屋では、スライドするスクリーン (訳者注:襖) を用いて、小さな個のスペースを大きな開いたスペースに変化させることができる。建築模型を使って、不透明や半透明、透明でさまざまな高さのスクリーンが固定された間仕切り壁の代わりとして提案された。このモデルの利点はその柔軟性にある。この柔軟性によって研究者グループは、彼らに割り当てられた面積をどのように利用するかを選ぶことができる。

Orangutan Village《オランウータン集落》:この建築の型は、ダイナミックなグループ機能を中心とするオランウータンの動物文化に類似している。夜になるとオランウータンたちは眠るために木に登りねぐらをつくり、朝になれば降りてきてグループとして集まる。ゲーリーのスタッフが検討したデザインは、教員が邪魔されずに研究と思索に没頭できるロフトスペースと、研究グループとの会話や他の教員との意見交換に利用するための低位置のスペースからできている。さらには、室の天井高は均一ながら、実験スペースよりも高いところに木の上に建つように研究室が位置し、まるで木漏れ日が地面に落ちるように、所々の隙間から光が差し込むというようなアイデアもあった。

Colonial Mansion《植民地風邸宅》：この研究室レイアウトは、固定された部分と、それを取り囲む周辺の、柔軟性のある場所という考えに基づいている。研究グループの研究室が中心にある邸宅となり、周囲より高く設けられていて、下方にミーティングルーム、研究スペース、学生が自由に使える研究スペースが配されている。

Prairie Dog Town《プレイリードッグの街》：この計画は別の動物の文化を基本としているが、オランウータン集落の反対のものだ。個人空間は地下にあり、柔軟性のあるスペースは上方にある。“prairie（平原）”には仮の建物が多く、直線的なオフィスの“burrows（穴）”が列をなしているが、ライトウェルを通して上方をちらちらと覗くことができる。

社交（開放的）空間

ステイタセンターの主要な目的のひとつは、研究者のグループ間の交流と協働と情報交換作用を強化することである。この目的を達成するためにゲーリーの事務所は、人々が仕事に行く途中に、自然に集まってくる街の広場のような、コモンズという考えを提案した。コミュニティセンターや街の広場に相当するコモンズは、建物の中央に位置し、そこで仕事をするすべての人がアクセス可能で、しかし一般の人々がアクセスできる公共エリアからは分離された空間として構想された。カフェ、食堂、共通の読書室、セミナー室や南面した屋外テラスがコモンズの構成要素として提案された。センターのその他の社交的なスペースは、各研究グループのラウンジと各階の給湯室である。

パブリックスペース

教育センターは、パブリックスペースの主要な構成要素のひとつである。このエリアは、第一に大学院生と学部生のためのものである。そのためには、大教室と階段教室および大きな講堂からなるスペースが必要であった。通常の教育設備に加え、遠隔地教育の機能も備える必要があった。教室群は、地下

左上：「日本家屋」案は、配置をすばやく変更できるコミュニケーションの場という考えを発展させたものである

左中：教員の研究室は、個別の研究スペースと打合せスペースを含んでいる。このロフトの構成は、パブリックな部分と静かな執務空間の高さを変えることで、2つのスペースを分離している

左下：研究スペースを共有する「オランウータン集落」案では、研究者たちは研究に集中するために自分の研究室へ登ってゆく

右上：「植民地風邸宅」案では、閉ざされた部屋と開放的なスペースが混在している

右下：「プレイリードッグの街」案もまた、オフィスと研究室が高さで分離されている。ここでは、研究室は開放的な共同作業スペースの下にある、居心地の良い“地下”に密度高く配置されている

PLANNING / INTERIOR ORGANIZATION | 087

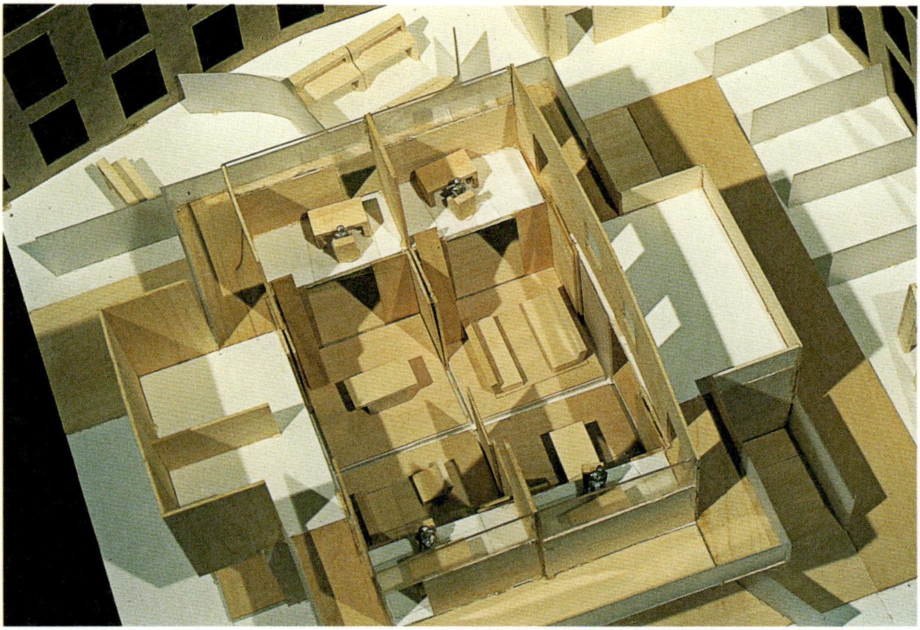

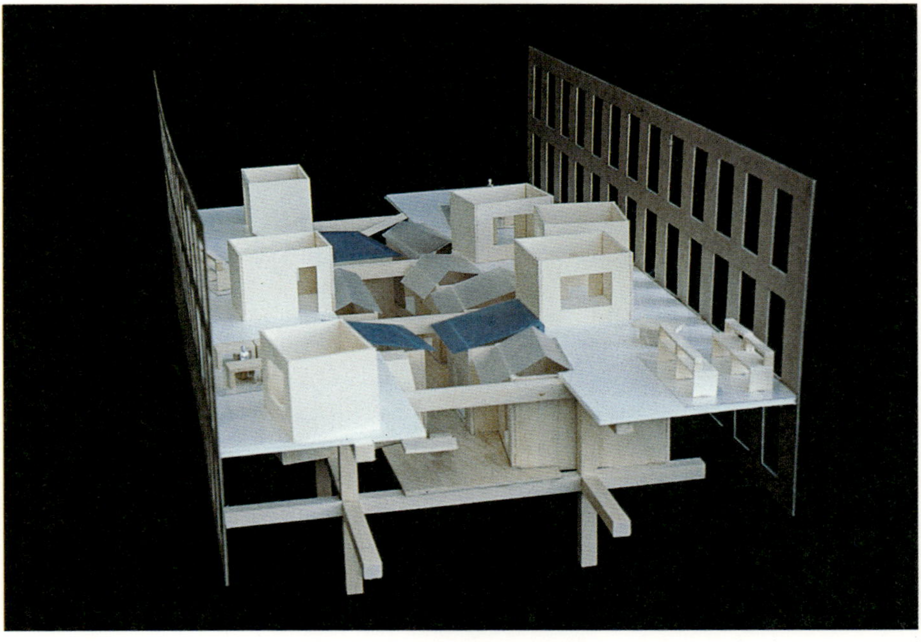

通路により将来ステイタセンターと連結される教育学習センターに近く、簡単にアクセスできるよう1階に位置している。講堂は、下部の出入口が地下通路につながるよう計画された。

教育センターを除いて、大きなパブリックスペースはステイタセンターのプロジェクトにはもともと含まれていなかった。しかしながら、デザインが発展していくにつれ、それらパブリックスペースをつくりあげるチャンスが出てきた。プログラムに加わった他のパブリックスペースは、保育センター、フィットネスセンター、一般の人も利用できる食堂、スチューデント・ストリート、図書館機能、地下駐車場、そして空中庭園と野外劇場であった。それらはMITのコミュニティのインフラの重要な構成要素として追加された。

上：ステイタセンターの総合的な組織計画を策定するための手順は、各グループのスペース取りを反映したものである。ゲーリーの事務所は、共用施設のレイアウトを通して異なるグループ間の積極的な交流を産み出そうとした

下：教育センターの講堂や教室の最適なフォルムの決定は非常に重要であった。これらのダイアグラムをもとに、最終的なデザインを導くための討議が行われた。よく知られている“ブロードキャスト型”の講堂は、依然として、多人数の初歩的な授業に適している。課題は、すべてのシートを適度に講師の近くに位置させながら、いかに多数の学生を収容するかである（左）。90席の教室は、テーブルや教材を広げられるスペースを備え、講師と学生や学生同士の交流を促進するようデザインされている（中）。実験的な教室は、多様な教育形態の実践に適す。伝統的な黒板での授業、グループワークのためのテーブル配置、そしてクラスターとしてまとめた配置のすべてが可能である（右）

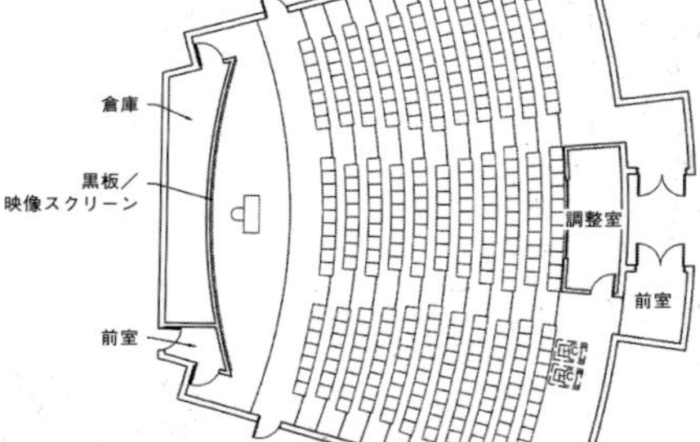

ブロードキャスト型講堂

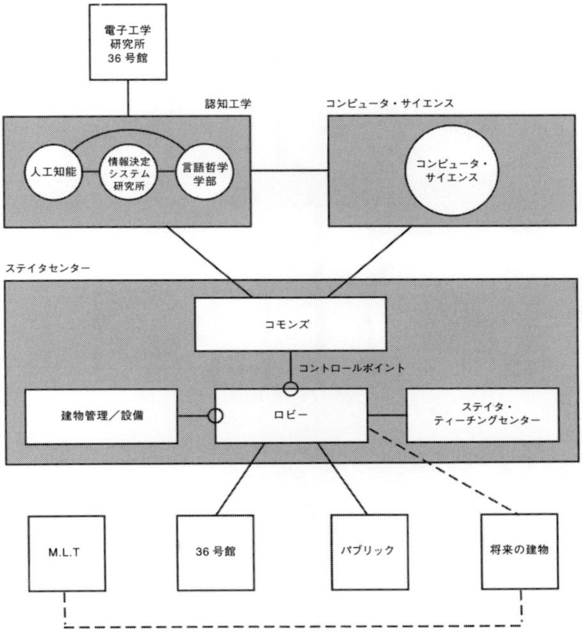
電子工学
研究所
36号館
認知工学
人工知能
情報決定
システム
研究所
言語哲学
学部
コンピュータ・サイエンス
コンピュータ・
サイエンス
ステイタセンター
コモンズ
コントロールポイント
建物管理／設備
ロビー
ステイタ・
ティーチングセンター
M.L.T
36号館
パブリック
将来の建物

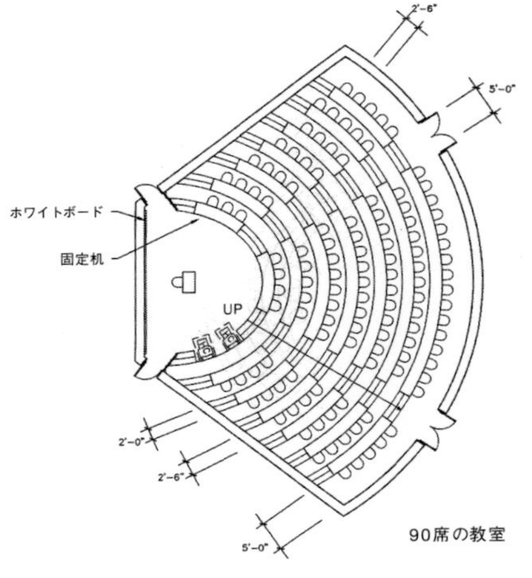
ホワイトボード
固定机
UP
2'-6"
5'-0"
2'-0"
2'-6"
5'-0"

90席の教室

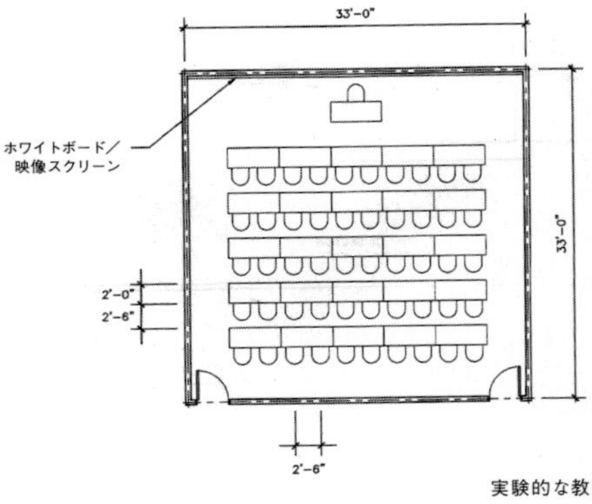
33'-0"
ホワイトボード／
映像スクリーン
33'-0"
2'-0"
2'-6"
2'-6"

実験的な教室

Design : Collision

デザイン ―― アイデアの衝突

# of Ideas

Design / Program Meets the Design

プログラムからデザインへ

レイ・アンド・マリア・ステイタセンターのデザインプロセスの全過程にわたり、チームはたんに彫刻的な外側をつくって中に機能を押し込めるのではなく、事前に考えられたプログラムの要求事項に応えることを第一義に考えて、デザインへ注力した。事実、いかにもフランク・O.ゲーリーという彫刻的なデザインは、うまくプログラムに適合しているのである。彼は、自分がこうしたいという先入観をもってこのプロジェクトに取り掛かったのではない。反対に、彼は人々の意見に耳を傾け、彼らを観察した。これらの結果から彼は建築像をまとめていったのである。この彼の建築像の体現、つまりセンターの建築的表現は、まさにプログラムの産物であり、敷地に対して生み出されたものであり、そして最も重要なことは、ゲーリーが見聞きしたものと彼がそれらをまとめ上げた成果であるということである。

研究者たちがゲーリーの事務所を訪れたことが、彼が建築家として選ばれたひとつの要因であった。デザインの背後にある思考の過程に直結した模型での検討を中心に進められる彼の設計プロセスが、研究者自身がプロジェクトを行うときのプロセスと似通っていたからである。3次元の実模型とコンピュータモデル両方を多用した彼のプロセスは、2次元のスケッチからはじめてプロジェクトが完成するころにプレゼンテーション用の模型をつくるという従来の建築家のプロセスとは大きく異なる。対照的にゲーリーは、創造の過程のまさに最初の段階から模型を使うのである。

縮尺の異なる50以上の模型がステイタセンターのプロジェクトではつくられた。最初の模型は3次元のスケッチといえるようなものである。木のブロック模型は、くちゃくちゃになった紙やその他の簡単にいじくれる材料と組み合わせて、建物のスケールや各プログラム同士がどう関係づけられるかを決定するのに使われた。建物の見方を固定してしまわないため、さまざまなスケールの模型をつくりながらデザイン作業は進められた。実際、スタディ用の縮尺模型は設計の最終の段階まで製作されたのであった。

ゲーリーが気に入った模型が完成すると、それはCATIAを使ってデジタル化された。デジタル化されたデータは、CATIAのオペレーターにより調整され寸法情報が与えられ、このデータを使ってスタッフが次の模型をつくった。このプロセスは何度も繰り返され、いくつかの模型は使われることなく破棄されてしまった。そして最後にはその後のプロセスの雛型となるひとつの模型がつくられ、これをもとにデザイナーたちはデジタルモデルと実物の模型を使ってデザインを詰めていった。

設計プロセスの初期段階ではデザイン変更はかなり大掛かりで、建物全体があっちこっちと移動されたが、プロセスが進んでいくと変更の規模は徐々に小さなものになっていった。せいぜい窓の寸法調整程度か、設計の最終段階になって入口上部のキャノピーのディテールが修正された程度だったかもしれない。

CATIAは建築業界には新しいツールである。ゲーリーのチームは、彼らの複雑な形態を実現するために、デザインのアイデアを忠実に3次元データに変換できる優れたソフトウェアを求めていた。その要求を満たすために彼らは航空業界に目を向け、そこで航空機や自動車のデザインのために開発されたCATIAに出逢ったのである。

ゲーリーの設計プロセスは、これまでデザイナーと施主の間にあった障壁を取り払いつつある。2次元の平面図やスケッチを読むことに慣れていない人々は、それらを正確に読み取れず、間違った理解の上に決定をしてしまい、

左上：くちゃくちゃになった紙の部分は、これからデザインされる部分を表している。この段階からゲーリーはプログラムのブロック模型を包み込んで、彫刻的形態の可能性と建築要素の視覚的効果の検討をはじめる

左下：基本計画の前段階のこの模型では、木とアクリルのブロックをプログラム別に使い分けて、それらの相関関係を検討している。模型では、まず高層棟部分と共用機能が割り当てられる中央部を分節することから建築形態の検討がはじまる

右上：基本計画の前段階では、隣接する既存の36号館との接続、2つの高層棟からなる構成、中央部がどんな感じになるかといったことがデザインの中心課題である。これらの要素は次の設計段階へと引き継がれ、さらに発展させられた

右下：予算に合わせるため全体を煉瓦で仕上げた模型もつくられている。彫刻的な形態は中央部と建物の頂部に限定されているが、中央部の形態は実際のデザインへと引き継がれた

後々後悔することが多々ある。実際に模型を目にすると何が必要で何が必要でないかの判断がしやすくなるし、建築家もコンセプトの説明を効果的に行え、代替案の提案などもしやすくなる。

MITは、最初にセンターを使用する研究者からなる建設委員会を立ち上げた。これらの9名の人々はプロジェクトマネジメント組織の一翼を担い、設計者が出してくる種々のデザイン提案について多くの時間を割いて対応した。予算はとくに重要な事項であったため、予算に合わせるためにデザイン変更が必要な場合は、委員の誰もがデザインの選択肢を実際に模型で視覚的に検討することが可能だった。これらの模型を使っての設計作業は、ゲーリーが用意する見積りとともに、デザイン決定を行う際に、つねにそのデザインと予算の関係に注意を払わせることになった。

建物のプログラムの決定に際しては、研究者たちはこれが欲しいという明確な目的をもっていた。彼らの真剣な取り組みが、設計者との間の創造的な緊張感を生み、バランスのとれた建築表現と内部のプログラム決定が可能となったのである。事実、建築表現のなかにはゲーリーと研究者との会話から生まれたものが多数含まれている。

建築は2層分の階高をもつ倉庫のような低層部(訳者注:まさにウェアハウス=倉庫と呼ばれている)と、2つの高層棟からなる上層部により構成されている。ウェアハウスのアイデアは、天井高が高く、使い勝手が柔軟かつ開放的で、また間取りの変更や、大規模なプロジェクトの際には隣接する部屋と容易につなげられる研究室を希望していた研究者の考えから生まれたものである。2つの高層棟はこの大規模建築の量塊をより小さなスケールに分割しつつ、学部や研究室のアイデンティティを表現している。内部に目を移すと、2つの高層棟はそれぞれ各研究グループのサイズに合わせて分割されているが、その分割はたんに空間を壁で仕切るのではなく、それぞれ固有の形態に分割するよう構成されている。また分割することで建築の表面積が大きくとれるため、すべての研究室に自然光を取り入れるという目標が実現されている。2つの高層棟の間に広がるウェアハウスの屋根にあたる空間は、高層棟と基壇部のウェアハウスを融合させる働きをしている。ウェアハウスの屋根にあたる4、5階部分は、研究スペースと街中の広場を組み合わせたような空間で、屋内外での打合せや社交的な活動の場を提供している。

ステイタセンターでは、空間がパブリックからプライベートへと段階的に移り変わっていくよう構成されている。1階レベルは一般の人々の利用が可能だ。屋外では、南に設けられた緩やかな大階段を上るか、東の野外劇場から上っていくと、そこは南に面した屋上庭園となっており、MITのコミュニティに腰掛ける場所や緑の木陰を提供している（訳者注：冬の寒さが厳しいケンブリッジでは季節の良い時期の日光は渇望されている）。この屋上庭園より上の階になると、建物の用途はよりプライベートなものとなるが、それは建築デザイン的にも、また実際に何ヵ所かにセキュリティのためのチェックポイントがあることからも見てとれる。

前述のウェアハウスの上部にある「街中の広場」へは、2つの非常にゆるやかな階段からアクセスでき、吹抜けの光庭を見下ろすその階段からはウェアハウス内の研究室も覗くことができる。しかしながら、出入口が閉じられている場合は一般の訪問者は入館できず、階段にもアクセスできないようになっている（訳者注：ウィークデイの夜間と週末は終日IDがないと入館はできない）。これより上の階にある研究室フロアには壁で囲われた階段か、セキュリティがかけられたエレベータによりアクセスすることになる。研究室階にも小さな屋外のベランダやテラスが数ヵ所設けられている。この下層階のパブリックな空間から上層階ほどプライベートに移り変わっていく空間は、能率的に研究やコラボレーションを行うために、必要なプライバシーを確保しつつ、教員や研究者や学部学生あるいは一般的なMITのスタッフというさまざまなレベルの人々と交流する場所を求めていた研究者の要望に応えたものである。

ステイタセンターのデザインは研究者たちの求めたプログラムを尊重しながら、複雑きわまるキャンパス計画の一部としてこの建物を考える大学の目的にも応えたものである。敷地の制約、必要な設備関係、メンテナンスの問題、他の建物との関係、そして学生やその他の利用者など、それらすべてを考慮しなければならなかった。研究者から投げかけられた難問に加えて、ステイタセンターは大学側からのこれらの要求にも応えなければならなかったのである。それはたとえば、隣接する既存の36号館、プール棟、および26号館に

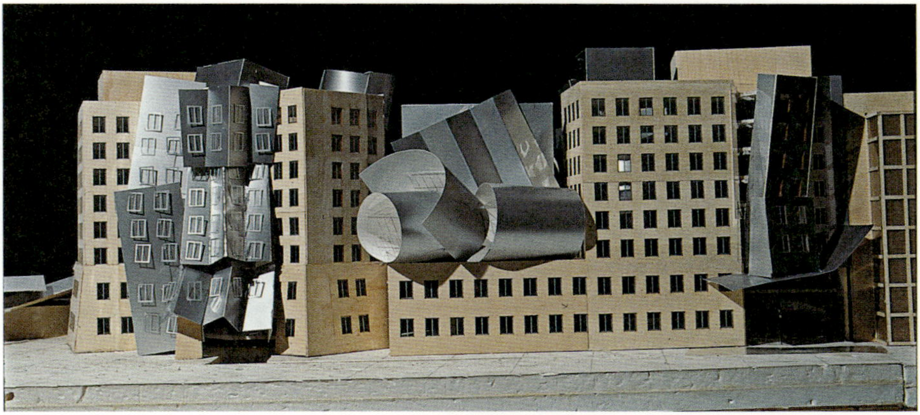

左上：設計の初期の段階から、ステイタセンターは煉瓦と金属を使ってつくられることで了解されていた。この模型は両素材の使い方のひとつのバリエーションである。また、入口部の形が具体的に検討されている。シンプルな形状のドレフス・ビルディングのキャノピーと、ゲイツ・ビルディングへと伸びる低層部分がそれで、左にグレーの小さな長方形で表現されているのが搬入口である

左下：基本計画終了時の模型。建物のサイズや形が決定され、入口も決まっている。また、窓の大きさや数量も割り出されている。奥に見える大きなガラス屋根の中には、人工的に空調されたスペースを設けることが意図されていたが、これはコスト的な理由で基本計画の段階でなくなってしまった

右上：これらの模型から最終的な形態デザインと、煉瓦と金属素材の構成が決定され始めた

右下：基本設計のまとめに向け、この段階からはデザインの変更は小さなものになった

加え、将来キャンパスの北東部分に予想される建物と接続させることで、連続した回廊の中にステイタセンターを組み込もうといった試みである。地下に搬出入口を設けたことで、このキャンパスの北東部エリアに大きな緑地と歩道が生み出されている。その結果、教室・講堂に加えて、1階に設けられたカフェテリア、フィットネスセンター、スチューデント・ストリートを目指して多くの学部学生がキャンパスのこのエリアに足を運ぶようになっている。

ゲーリーに課せられた問題——それは彼が強く望んだことでもあるのだが——とは、複雑なプログラムの要求に取り組むことであった。多様なユーザーや相反する要望、合意形成を行いながら進めなければならないデザインプロセス、限られた予算、難しい敷地条件など、数ある難問に彼はひるむことなく立ち向かったのである。触れると危険で、通常のMITのプロジェクトとは明らかに異なった性格をもつこのようなプロジェクトに対しては、悪く言う人も必ずいるものである。しかしながら、プロジェクトが完成に近づいてゲーリーの卓越した予見が実現してくると、こうした多くの疑問の声は霧散してしまった。

このプロジェクトは、テクノロジーに精通した人々のために設計されたものであったため、いくつかの革新的なデザインが試されている。設計の初期の段階では、MITの研究のなかからプロジェクトに利用できそうな新たな技術がないか調査が行われた。また、環境基準がアメリカに比べてより厳しいヨーロッパの技術にも目を向けている。多くの技術が採用にはいたらなかったなかで、いくつかは採用されたが、より重要だったのはこれらの試みがチームのメンバーに、創造的で既成の考えに縛られず、他人の考えを受け入れながらコラボレートし、失敗を恐れず提案するという雰囲気をつくり出したことである。この創造的な雰囲気が、大なり小なり技術的革新を推し進めたのである。一例として、土留め壁の設計に際して通常なら岩盤まで達せさせるところを、一帯の地盤に精通した土木技術者は綿密な計算とボーリング調査、そしてMITの教授から（訳者注：MITには優れた土木学部が存在する）の助言をもとに、施工業者と協力して200万ドル（約2億円）以上のコスト削減と工期の短縮に成功した。

設備の敷設に際しては、通常ならば既存の12インチ（約30cm）径の冷却水管をシャットダウンしなければならないところを、施工業者は「ホットタッピング」という、通常よりずっと小さい径のパイプに用いられる手法を提案した。これによりコストの削減が可能になったのであるが、より重要なことは、冷却水を使用している大学の研究室の活動を妨げることなく施工が可能となったことである。

空間の柔軟性という研究者のプログラムへの要求に対しては、設備設計者は床吹出し空調システムを提案し、このシステムが採用されたアメリカでの最初の事例のひとつとなった。これは省エネ効果ばかりでなく、天井のダクト工事をなくし、さらには将来の改修を容易にするといった利点の多いシステムである。この二重床構造によりモデュール化した電気システムの設置も可能になっており、これも柔軟性のある基幹設備の構築に寄与している。

建物の外部仕上げについては、ヨーロッパのダブルスキン工法が検討された。コスト的に採用は見送られたものの、工法を検討したおかげで1年を通じて屋外を楽しむ工夫をしようという機運が高まり、設計者は建物で包むように屋外テラス群を各レベルに配置することでこれに応えている。

最も興味深い革新は、おそらく北東部キャンパスのランドスケープデザインに組み込まれた集中豪雨管理システムであろう。通常は水がない小川に、周辺建物の屋根や広場に降った雨水が流れ込み、地下の貯水槽に貯められる。集められた雨水は植物と砕石によって濾過され、建物の中水槽に戻されてトイレで再利用されるか、市の排水システムに放流される。ポンプの電源は太陽発電によりまかなわれている。

ランドスケープ計画は、従来のMITのキャンパスに親しんでいる人々には馴染みのないものである。大学は川べりに位置しているため、キャンパスは基本的に平らである。ランドスケープアーキテクトは、ニューイングランド地方特有の丘陵地帯（訳者注：内陸部には氷河によって形成された丘陵と湖沼が多い）をイメージしながら、敷地に内陸の地形をもち込もうと提案した。北東部キャンパスの最終全体計画を見ると、その提案が植栽を施された丘陵、潮がの干満のように水面が変化する池、太陽の日差しを受けつつ北風は建物によって遮られた南面するテラスといったデザインに結実している。

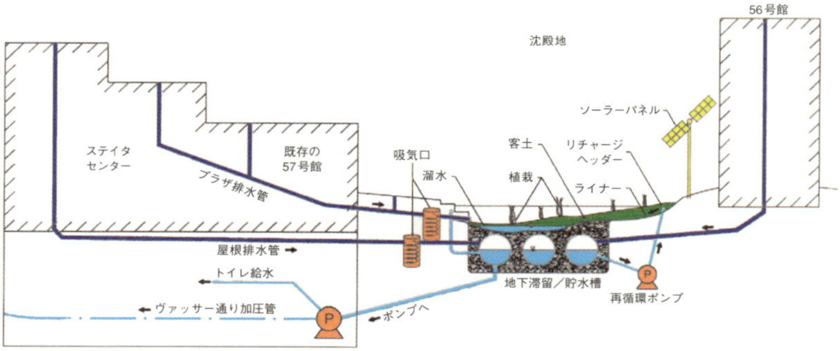

上：スチューデント・ストリートに沿って異なったスケールの空間があり、そこにはそれぞれ大型の掲示板やホワイトボード、そしてディスプレイといったものが設置される。キャンパス行事の情報はディスプレイに掲示され、ホワイトボードは知的交流を促進するよう、気楽に誰でも使える形で置かれている。掲示板はメッシュ素材でつくられている。大きさは6×8フィート（約1.8×2.4m）のものから9×12フィート（約2.7×3.6m）のものまであり、適宜交換されるようになっていて、スチューデント・ストリートの活発な活動に対してつねに新しい背景を提供している

下：この敷地断面図は集中豪雨時の雨水処理系統を表している。周辺建物やステイタセンターに降った雨水は集められて濾過され、再利用されるか市の雨水処理システムに放流される

このランドスケープデザイン案では、植栽を施された高さ約9フィート（約2.7m）の丘（図面右中上部分）とレベルの違う数ヵ所のテラスがデザインされている

Design / Exterior Design

外部空間のデザイン

レイ・アンド・マリア・ステイタセンターはゲイツ・ビルディングとドレフス・ビルディングの2つからなっている。それらは長方形の煉瓦貼りのタワー群が結合する形で構成されており、金属板で覆われた彫刻的な形態の構造物を伴っている。煉瓦で覆われた長方形の高層棟の内部は、各研究部門が入居しており、モデュール化された研究室が配置されている。それらのモデュール化された研究室群には、ところどころ外壁が金属板で覆われて特徴的な形をした構造物が挿入されている。両方の高層棟では、これらのエリアは中央のガラス張りの光庭の周りに配置されており、この光庭をとおしてお互いの高層棟を屋外のテラスの向こう側に見ることができる。2つの高層棟は全体でコの字形を形成し、南面の屋外環境を北風から守っている。

ステイタセンターには多くの出入口が設けられている。さまざまな方向から建物に近づく歩行者の通行の流れを受けとめるようにエントランスが配置され、それぞれの建物は、ヴァッサー通りに別々のエントランスをもっている。それらのエントランスは、発色されたチタンやステンレスを組み合わせてつくった庇によって覆われている。庇にチタンを使用することにより、庇の部分と、建物の他の金属仕上げの部分とを区別するのである。西端部の通行の流れは、主として36号館や保育施設の預け場所につながるものであるが、1階のエントランスはドレフス・ビルディングのロビーおよびスチューデント・ストリートへつながっている。南側に設けられた2つのエントランスからは、直接スチューデント・ストリートに行くことができる。

建物のキャンパス側では、ステイタセンターと既存のプール棟の間に、MITコミュニティのために屋上庭園が設けられ、休養、レクリエーション、勉強のためにゆったりとした公園のような空間を提供している。樹木、ベンチ、歩行者用の小道がこの空間をさらに人間的な空間としている。外部のエレベータ、ゆるやかな階段、野外劇場のすべてからこの庭へアクセスができる。そしてまた、2つのエントランスを通って建物の内部からアクセスすることもできる。野外劇場の半円形の座席の部分では350人を収容することができる。日よけの木々が点在する野外劇場は、形式張らない講義や公演に使われるが、ほとんどの時間は気軽な集まりの場所として使われている。

その他の屋外スペースも、ステイタセンターを魅力的なものにしている。たとえば、屋上庭園を見下ろす4階のテラスは、同じ階にあるコミュニティ・センターの中央に位置しており、各学部のセミナー室がこの北風から守られた

上：最終計画の模型は、1/48の縮尺で、大きさはおおよそ8×12×3フィート（約2.4×3.6×0.9m）である。ゲイツ・ビルとドレフス・ビルは、白いアルミニウムで覆われたツインズ（その形状からツインズ［双子］と呼ばれる構造物）で分割され、ヴァッサー通り側のファサードを構成している。そのツインズは、2つの建物の接する部分で緩衝材として働くとともに、ニューイングランド地方の教会の尖塔を思い出させるような効果をもっている。計画の初期、ゲーリーはメインキャンパスの既存のクラシカルなドームとセンターを結びつけることを意図して、2つのガラスのドームをそれぞれの建物に設置することを提案した。構造的には将来ドームを載せられるように設計されているが、それらのドームは最終計画では削除された

下：設計の初期の議論のなかでゲーリーは、フランスのシャンボール城を、テラスのイメージを想起させるための例として引用した。シャンボール城ほど大きくないとはいえ、ステイタセンターには城のように大きなテラスが配置され、そこには都市的景観を再現するためにさまざまな構造物がちりばめられている。左下の青い円筒の部分は、保育施設の増築部分である（将来建設予定）。そのエリアは現在運動場として使われている

外部テラスを取り囲んでいる。この外部テラスに面して2層吹抜けのカフェが設けられており、このカフェの屋上に当たる部分にはさらに別の屋外空間が設けられている。この6階のテラスは、彫刻的な形状をした特別な会合のために設けられた会議室へとつながっている。

ステイタセンターは、主としてフラットな鉄筋コンクリートのスラブと柱でつくられている。コンクリートは、ゲーリーの提案したようなタイプの形状の、建物の外観に対応可能な建築材料である。多くの柱は垂直であるが、いくつかの建物の部分ではその形状により、若干傾けた柱が何本か必要であった。そして、数ヵ所では、引張り力を受持つ柱があり、上方からスラブを支えている。上階のテラスの周囲を囲む、複雑な形をした構造物は鉄骨造である。3階のスラブの上にあるそれらの物体は、煉瓦で仕上げられた長方形の高層棟から視覚的に分離され、内部に2層以上の高さのスペースをもつ造形的に面白い構造物となっている。

外壁の仕上げは、金属と煉瓦という2つの異なった材料を使っているが、金属と煉瓦が接する多くの部分では2つの仕上げの間にガラスを埋め込み、建物の形を明瞭に分節し、それによってステイタセンターの大きさをスケールダウンしている。ゲイツ・ビルディングとドレフス・ビルディングの単純で大きなかたまりは、大部分が他の講堂、カフェ、そしてスターといった量塊のような構造物と同様に煉瓦に覆われている。さまざまなルーフテラスもまた、煉瓦で仕上げられており、水平から垂直へ継ぎ目なく変換されている。センターのスケールはゲイツ・ビルディングとドレフス・ビルディングともに、建物の高い場所で少なくとも1ヵ所はセットバックしてさらに分割されている。セットバックはさまざまな奥行きをもつ立ち上がりと屋根をつくり出すことになるが、それらも煉瓦あるいはステンレスで仕上げられ、建物のファサードにモノリシックな統一感を与えている。

金属ファサードに設けられる窓は、ステンレス製の片持ちユニットであり、それぞれ、さまざまな彫刻的な形状や面のデザインが施されている。煉瓦で覆われた「スター」を除いては、すべての上階のテラスにある構造物は金属で仕上げられており、主としてステンレス・ヘアライン仕上げである。しかしながら鼻《ノーズ》と呼ばれる構造物には鏡面仕上げが施され、他の彫刻的なテラスの構造物とは区別されている。それに対して、「キヴァ」と「ヘルメット」と呼ばれる構造物は塗装されたアルミニウムで仕上げられている。

計画の重要な目的のひとつは、可能な限り自然の光を建物の中へ深く導くことであった。さまざまな形状をしたガラス窓がこれを実現している。たとえば、プログラムの大半を占める研究室群は、建物の外周部や開放的な実験室や研究室の周囲に計画されている。建物の煉瓦仕上げ部分では平らな、そして金属仕上げ部分では突き出した大きな窓が、これらの諸室に光を供給している。煉瓦仕上げと金属仕上げ部分の間の空隙を埋めるガラスのカーテンウォールは、2つの材料の変化を強調することになる。最も大きいガラスの壁と屋根は、上階のテラスの周りに位置しており、それらは研究ゾーンと普通の空間との間を視覚的に連結している。他のガラスの要素として、スチューデント・ストリートの中央部分を覆うガラス屋根と、体育施設、講義室、高層棟の上階部分、そして、ウェアハウスと呼ばれる低層部の研究室へ光をもたらす一連のスカイライトがある。

上：屋上テラスはセミナー室と公共スペースが周囲を取り囲むように配置され、ウィンドダムと呼ばれる垂直な壁によって保護されている

中、下：ゲイツ・ビルディングとドレフス・ビルディングの2つのエントランスがヴァッサー通りに面している。それぞれ、発色されたチタンをリボンのように覆いかぶせた大きく張り出した庇によって特徴づけられている

上：主要な構造は、耐震壁として設けられた壁以外は平らなスラブと柱から構成されたコンクリート構造である

中：煉瓦の色は隣接したステンレス鋼との対比によって際立たされ、その色合いは1日の時刻や空を覆う雲の量によって変化する

下：断面モデルは、実際の建物では見ることのできない煉瓦と金属とガラスの取り合いを表している

Design / Interior Design

内部空間のデザイン

センターの内部は、公的な空間と個人的な空間、つまり深く熟考する場と知的で社会的な交流の場の交歓を促すよう計画されている。建築デザインはこれを視覚的にサポートしている。広くてオープンな階段とその階段越しの眺めは、そこが公共の場であることを認知させ、小さなミーティング・ゾーンはパブリックとプライベートの中間的な領域を形成し、個室は落ち着いて仕事に専念できるようパブリックな領域から遠くにまとめられている。上層階では、個室および共有の研究室は自然光が入る外壁側に配置され、実験室と小さな簡単な会議のためのスペースが内側の空間に配されている。低層階ではこのアレンジは逆で、個室および共有の研究室が内側に配置され、実験室や会議スペースは自然光の恩恵に浴するようになっている。すべての階で、会議室、給湯室、およびラウンジなどの共有施設は、エレベータと階段の近くに位置する。この配置により、共有施設にアクセスするための公共の廊下を最短にすることが可能となり、効率的なフロア構成となっている。ウェアハウスと呼ばれている階の研究室のつながりは、視覚的にオープンで共同作業も容易だ。2つのタワーは2層ごとにまとめられたユニットで構成され、公共のラウンジに設けられたオープンな螺旋階段が上下の階をつないでいる。

1階では、ステイタセンターへの入口はスチューデント・ストリートに通じている。屋内通路の幅は、ストリートの両側の随所に設けられたアルコーブによって広げられている。自動販売機や電話、ATM、情報キオスク（情報コーナー）、着座エリア、学生クラブブースなどの共益施設が通路沿いあるいはアルコーブに設置されている。さらに、大講義室、2つの階段教室、および2つの実験的な教室から構成されるティーチングセンターをはじめとした、他の多くの活動空間へアクセスする主動線としてスチューデント・ストリートは機能する。これらの5つの空間はおもにMITの工学部によって使用されるが、それらは、MITの教育プログラムの特徴である人間どうしのふれあいの精神を失うことなく、最新の技術を集約した革新的な教育方法を、親しみやすい学習空間で実践することを意図してデザインされている。また他には、プール棟につながる新しい運動施設、学生食堂およびカフェ、図書館サービス、情報デスクと売店、展示スペース、および教員・学生・スタッフの子どものための保育施設がある。

さらに、スチューデント・ストリートは建物の他の領域に通じている。自然光に照らされたアトリウムを通ると、広い階段とエレベータによって低層階の個別指導サービス、先進技術を取り入れた教室、および工学部5年生のホームルームのあるアカデミックハブに行くことができる。同じ中央のアトリウムからアクセスできるこのハブの下部は、2層の685台の地下駐車場施設となっている。また、スチューデント・ストリートは、両端に設けられた彫刻のような形をした階段により印象づけられている。これらの階段は、低層部のウェアハウスと呼ばれる研究エリアと高層棟の研究エリアの2つに通じている。

2階と3階に位置するウェアハウスの研究室群は、奥行きが深くて幅の広い連続した床と15フィート（約4.5m）の高さの天井を有している。このウェアハウスの空間は、新たに合併したコンピュータ・サイエンスと人工知能の、垂直・水平ともに大きい実験室ボリュームを必要とする研究グループによって共有されることになる。自然光がこれらの奥行きの深い空間に入り込むようにするために、多くの個室および共有の研究室は建物の内部側に置かれている。

研究室には、自然光を取り入れる背の高いガラス窓とサイドライトが設け

左：4階のコモンズへ至る緩やかな公共の階段は、光とさまざまな眺めにあふれている。スカイライトは自然光を導き入れ、ガラスを通して隣接する研究室群を眺めることができる

上：両方のタワーにある2層分の高さのラウンジエリアは、ガラスのファサードをもつ。これらのラウンジは周囲に配置された2層構成の研究室群を結びつけ、視覚的には連続するガラスのカーテンウォールとそこからもれる光で2つのタワーを結びつけている

下：研究室のデザインは研究者の働き方をシンプルに表現したものである。標準的な研究室は1つの机、ミーティングを行う場所、棚、自然光が入る開閉可能な窓をもつ

られている。2層からなるウェアハウスには、2つの大きな光庭、中央の天窓、およびスチューデント・ストリートを覆うガラス屋根を通して豊富な自然光が降り注ぐ。ウェアハウスの研究室群は、ラウンジや光庭下部にある会議室などの一般的な領域を共有している。

代表的な高層部のユニットは、2つの階がひとまとまりとなっており、1層と2層の空間が組み合わされている。研究室が建物の外縁部に配置されており、共有空間と動線空間がフロアの中心部分に設けられ、2層構成のラウンジの床から天井までのフルハイトのカーテンウォールを通して建物中央のテラスから反対側のタワーまで続く、視覚的な連続感をつくり出している。より大きな実験室空間は脇にラウンジをもち、ガラス・カーテンウォールを共有する一方で、小さな実験室はセンターのそれぞれの棟の内部側に配置されている。

かなり複雑な外観にもかかわらず、ステイタセンターの内部の構成は非常にシンプルなものである。プライバシーや音響・視覚的な分離が必要とされる研究については、共有空間や協働するための空間から離れて設置されている。共有の部分へはすぐにアクセスできるが、そこから先へは簡単には立ち入ることができないようになっている。ここでフランク・O.ゲーリーが挑戦したことは、人々が知的で社公的な交流を通して相互に刺激しあえる開放的なキャンパス環境を維持する一方、研究者が妨げられることなく研究に専念できる空間を提供することであった。

設備設計者は多くの冷暖房の従来のシステムや新しいシステムを検討した後、従来の天井設置型システムにはない、多くの利点をもった床吹出し方式の空調システムを提案した。典型的な天井システムだと高所から空気を吹き出すが、室内空気と空調空気が混ざり合ってしまう。それに対して床吹出しシステムでは、床から低速度で空調空気を供給し、室内の暖まった空気と置換する。このプロセスでは最適室温を少し下回る供給温度を維持すればよく、大学にとってその運用年数全体で見た省エネ効果は多大である。室中の活動によってつくりだされた熱と汚染物質は、天井近くの排気口に導かれ排出される。したがって空気の質も向上するのである。

さらに、このシステム構成ではオフィスとミーティングエリアで個々に温度レベルをコントロールすることが可能となる。個々のVAV（可変風量制御バルブ）の代わりに、各々の部屋にはモーター付のダンパーがフロアごとにゾーン分けされた床のグリルに設けられているが、その費用はかなり安価なものである。そのグリルは、空気の吹出し方向を変えるために容易に回転することができる。しかしながら、その空気速度は遅いのでほとんど感じることはない。また、窓の開閉による温度変化は、その部屋の空調に対してのみ影響を与える。システムの長期的な利点は模様替えの容易さである。床下に配管がなく床下空間そのものがダクトとして働くので、床ダンパーとグリルは容易に移動できるのである。

コンピュータ研究施設では、電気の十分な容量と効率的な配分が必須である。アクセスフロアと床吹出し空調システムは、電力のためにも理想的な供給方式となっている。その機械的なシステムは高い柔軟性をもっており、電力はメインの分電盤へ流れ、そして次に2次的なポートに分岐される。予備の回線が将来の使用に対応するためシステムのなかに組み込まれているが、すべて簡単に加えたり移動したりできるように“プラグ・アンド・プレイ”で設計されている。コンセントは短く柔軟性のあるケーブルを通して、壁か床ボックスに設置されている。それらもまた移動可能である。

コンピュータ科学の建物でおそらくその次に重要なのは、データへのアクセス性である。MITはすべての建物へ、電話とデータの両方のための基本的なサービスを提供しており、研究者らは彼らの研究活動の一部でそれらのデータを利用している。両方のネットワークは別々に割り当てられて、床下に設置されている。さらに研究者のために、建物内には頭上にケーブルトレー・システムも備えられているが、それは研究者が変更しようとした場合、増設したりデータ構成を変えたりしやすいように考慮したものである。このトレーを有効利用するために、廊下に沿った照明設備もデータケーブル・システムに統合されている。

他にプログラムに対して要求したことは、建物内部に多くの自然光が差し込むようにすることだった。しかしながら、自然光は気象条件や季節によって異なるものである。それは作業環境に必要とされる高品質で一定したレベルの光源ではないけれども、強く望まれたのである。同時に、それはコンピュータ利用と映像映写という、相反する使用環境には都合がよい。

ステイタセンターの自然光は、窓、スカイライト、光庭、そして他のガラスの開口部から入ってくる。光のコントロールを補助するために、まぶしさと太陽輻射を軽減する遮光装置が設けられており、完全に明かりを遮断することも可能である。人工照明と自然光を織り交ぜて、建物に対する多様な照明ニーズに対応しているのである。人工照明の光源は、それぞれの空間の用途によってさまざまであり、天井グリッドが、照明器具を設置する可能性のある場所につくられている。このグリッドは、どのようなタイプの吊り下げ照明にも対応できるように、コンクリートのスラブの下部に打ち込まれている。現時点では、ペンダントライトはオープンな研究室や実験室につけられており、普通の研究室には側面に間接照明が設置されている。また、すべての部屋で個別に照度を調整するため、補足的にタスクライトが使われている。

上：南向きの標準的な研究室に、日当たりのよい9月の午後、日除けなしで室内に差し込む自然光をシミュレートしたコンピュータモデル（上左）。同じ研究室モデルで行った色分布による輝度、つまり明るさのシミュレーション（上右）。このモデルは輝度が強すぎる。コンピュータ作業には画面反射がなく室内の輝度ができるだけ均一な環境が望ましい

下：光庭の下部の研究ヴィラの照明計画では、どの遮光装置のタイプが最も効果的であるかを判断するため、異なった時刻と異なった季節をモデル化した。難しかったのは、空間の特徴である透過性を維持する一方で、まぶしさと太陽輻射熱の問題を解決する制御装置を組み込むことであった

スチューデント・ストリートにある3タイプの講義スペース——大講義室（上）、階段教室（中）、そして実験的な教室（下）——すべて壁は有孔木パネル仕上げで、大講義室では天井までこのパネルが用いられている。この大講義室と西側の階段教室は遠隔地教育機能を備えている。すべての教室は放送受信が可能で、将来の機能強化のための予備回路が備えられている。ステイタセンターのために設計された4番目のタイプの教室——TEAL教室（自主的な学習のためのテクノロジーを備えた教室）——は学生のためのその他の学習空間とともに、スチューデント・ストリート階に設置される予定である

ティーチング・センター

大講義室：350席のオーディトリアムは、2つの通路をもつ3つの座席グループで構成されている。後部の通路空間は、資料の配布場所としても用いられる。オーディトリアムの前部には、フル装備の音響システムとともにスライドする黒板と上下するスクリーンがあり、前部および室内の4ヵ所にマイクロホン端子を内蔵している。オーディオビジュアル・システムは、後部の映写室か講師のワークステーションのどちらかからコントロールされる。スカイライトには光の拡散と暗転の両方を可能にする遮光装置が備えられている。

階段教室：2つの扇型の教室には、固定式の机と移動可能な椅子が配備されており、それぞれ90人を収容できる。2つの通路をもち、1列に最大5つの席が設けられ、後部の通路空間は資料の配布場所として利用される。スクリーンと黒板は、演壇のオーディオビジュアル・コントロール装置とともに前部に設置されている。教室は拡声器などの機械を使わない講義を想定しているが、必要な場合は天井に配置されたスピーカーを利用することもできる。自然光はスカイライトやガラス屋根から注ぎ込み、スチューデント・ストリート側の採光窓からも光が入るように設計されている。ここもまた遮光装置により、完全な調光が可能である。

実験的な教室：これら50の座席をもつ2つの教室は、フリーアクセスフロアによりフレキシブルな座席配置と、床下の電力とデータへのアクセスが可能。黒板は2面の壁に設置されており、頭上のグリッドには可動式のスクリーンとオーディオビジュアル装置が設置できるようになっている。ワークステーションのコントロール装置も移動可能で、床のいろいろな場所に差し込むことのできる“へその緒”のようなコードを備えている。自然光は採光窓から差し込み、遮光装置によってコントロールできる。

学生とコミュニティのための空間

スチューデント・ストリート：スチューデント・ストリートはMITコミュニティ、とくに学部学生が使用することを意図したスカイライトをもつ公共の屋内アーケードである。種々の用途に利用できるテーブル、情報キオスク、自動販売機、気楽に腰掛けられる着座エリアは、活気に満ちた環境のなかで、ミーティングや社交の場や情報を共有する場を提供している。

運動施設とプール棟：ステイタセンターの一段高い庭の下には、既存のプールとつなげて新しい運動施設がMITコミュニティのために用意されている。新規のもしくは既存のものを整備したロッカールーム、ウェイトトレーニングとエアロビクスのマシンを備えるフィットネスセンター、木フローリングの二重床で柔軟な使い方のできるダンス・スタジオ、および既存のプールとの直接の接続が、この新しい施設のおもな設備となっている。

保育施設：ステイタセンターの計画には子どものための新しいセンターが含まれている。幼児から入園前の子どもまで65人の子どもを収容するこのセンターは、柔軟性に富んで設計されている。たとえば、幼児とよちよち歩きの子どもの割合に変化があれば、教室を少し改造することで対応することが可能である。7〜10人の子どもを一単位とした教室は、ビレッジ・クラスターとしてまとめられており、それぞれに専用のキッチンとトイレを備える。他には、異なる年齢層の子どもたちが一緒に遊べる共有の遊び場スペース、隣接する屋外の遊び場、および保護者が迎えに来る場所を備えている。

カフェ：150席の食堂施設は、食事時間には食事サービスを提供し、後の時間帯はカフェとして営業している。コンピュータネットワークとインターネットへアクセスもできるようになっている。深夜の営業時間帯は、研究に必要な電子メディアにアクセスする学生のために図書館員が控える。このサービスの一部として、カフェにはホワイトボードと映像機器を備えつけた小さなミーティングルームが備えられている。

左：この3点のスチューデント・ストリートの眺めが空間の多様性と活気を示している。さまざまな高さがあり、斜めの構造物がスカイライトを貫通している（上）。豊富な自然光の当たる親密的なダイニング（中）からは研究学習エリアを眺めることができる。通行するという機能に加えて、曲線をなす階段からは通路を見下ろすことができる（下）

右：天井の高いアトリウムのような研究スペースでは、さまざまな研究活動を行うことができる。そうした研究室は、たとえば自律飛行する航空機のような、背の高い空間を必要とする実験に利用される

研究エリア

コモンズ：研究グループおよび学部間の人々の交流は、センター中央のウェアハウスと高層棟が交わる場所に、コミュニティをつくることで促進されている。この、街の広場のような場所には、大きな集会や社交的な場のほとんどが集められていて、3つのセミナー室、広い展示エリア、共同のコピー施設がある。中央の広い多目的エリアは、日中は教員が食事に使い、午後や晩はパブや大学院生と教員の交流のためのスペースとして使われる。こうした部屋は、南面する屋外のミーティングスペースである上階のテラスをとりまいている。

ヴィラ：東と西の高層棟のそれぞれの光庭の中にある、2つの3層構造の囲われた内部空間は、"建物の中の建物"ということができる。研究室、会議室、ラウンジエリアのあるこれらの建物の中の建物のようなヴィラは、光庭にスケール感を与え、そこに降り注ぐ自然光を拡散し周辺を明るくする。また元気な色が塗られていて、周りの空間を活気づけている。

近隣施設：研究・実験グループは近隣という考えに基づいて設計されている。一般的などの近隣施設にもあるように、さまざまな種類の個人スペースや共同スペース、その近隣らしさを演出する共有の特性を備えている。研究施設の近隣には教員の研究室、共有の研究室、オープンな実験室と隔離された実験室、そして大学院生のためのオープンなワークスペースがあり、これらが集まって個人空間と協働空間がつくられている。各階には共同スペースとして給湯室、コピーコーナー、会議室、そしてホワイトボードといくつか椅子が置かれた小さな集会スペースが用意されている。
これら近隣施設は2層構造のユニットであり、研究グループの規模によってすべての部屋は直線的に拡張できるようになっている。
上下のフロアは、開放的で人目をひく螺旋階段がある吹抜けのラウンジによってつながれている。そのラウンジは中央に配置されており、開放的で、エレベータロビーから出て来たときに見えて、フロアに入ってくる人々の視線は外部へ向けられるようになっている。また、ラウンジから外部のテラスまで見通すこともでき、タワーとタワーの間の長いスパンを視覚的につないでいるように見える。
ウェアハウスのような研究室の近隣施設は、広くてひと続きの空間である利点を生かすために水平的に広がっているが、構成自体はタワー型の研究室の近隣施設と似ており、オープンな実験室や隔離された実験室、共有スペースの周りに個室や共同の研究室が集められている。

研究実験室：協働的な研究環境は、それぞれ基本的な研究グループの規模といえる10～15人が使用できるように計画されている。グループエリアは、共同研究を促進させながら、かつグループの個別の特色が出せるよう家庭的な雰囲気をもつ。グループエリアは建築デザインにより、またはドアのような物理的な境界によりはっきりと区分され、部外者には入りづらいように計画されており、共同研究者間でコミュニケーションが促進される。
実験室には、オープンな実験室と隔離された実験室の2つのタイプがある。これらの実験室はそれぞれはっきりとした建築設計上の違いがある。隔離された実験室は、周りの環境からの音や光を完全に遮断することができ、そのうちの、いくつかの部屋には高価な機器を守るために、床から天井までのフルハイトの壁とセキュリティドアが設置されている。
セキュリティは必要であるが隔離するほどでもない実験室には、間仕切り壁を設置している。これは、鋼製のスタッド（間柱）を露出で建てて、いろいろな種類の壁用パネルを設置できるようになっているもので、この間柱により物質的な障壁をつくりながら、その隙間のさまざまな場所から空気や光を自由に通すことができるようになっている。室内は開放的な空間が意図され、視線が遮られることなく、通路がわかりやすく配置されている。直接入ってくる光、そして研究室を通し入ってくる光、これらを最大限に生かすように視界と動線の両方が計画されているのだ。

研究室：ステイタセンターの設計は研究室の設計からはじまったといえる。大きさや機能を考えるためにさまざまなスケールの模型が作製され、最終的にはウェアハウスのような研究室と高層棟の研究室の実物大のモデルがつくられた。

豊富な自然光と自然換気、防音それに柔軟性といった初期計画における多くの目標が、デザインに大きく影響している。たとえば、すべての研究室に自然光を取り入れるという要求を満たすために、外壁のデザインについて多くの検討がなされた。柔軟性という要求を満たすために、基本となる研究室の大きさを200平方フィート（約18.6m^2）とすることが決定されたが、これは1人の教員か2人の研究員、もしくは4人の大学院生で使うことを想定した広さである。柔軟性を得るためには、また機器や電気の配線を収めたフリーアクセスフロアが採用されている。

建物内の約350の研究室のほとんどは外壁面に沿って配置されている。しかし、ウェアハウスの広いひと続きのフロアのうちいくつかの部屋はその条件を満たせなかった。

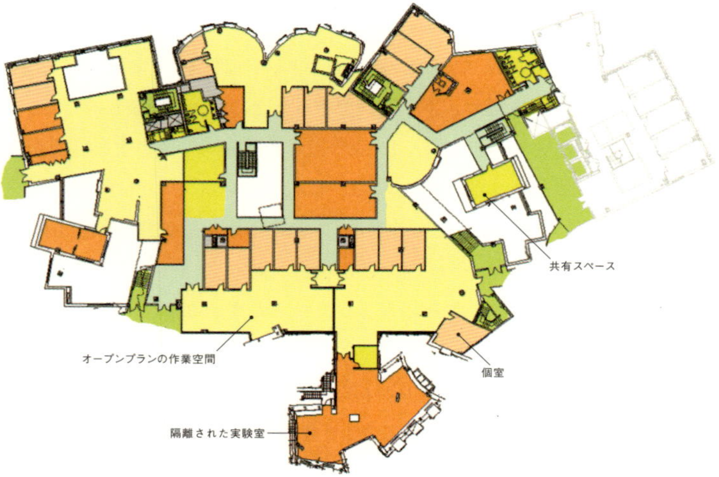

右上：2層分の高さのある実験室は、フロア間のコミュニケーションを促進させることを意図して計画されている。実験室は主として外壁に沿っていて、建物の奥まで自然光が差し込むようになっている。これらの実験室の隣には、自然光で満たされた開放的で魅力的な階段室がある。この階段は避難経路としての役割も果たしている

右下：吹抜けのラウンジは階段によって2層構造の近隣施設を結びつけている。これらのタワー棟のラウンジはガラスのカーテンウォールに沿って配置されており、反対側のタワーから明るい外観を眺めることができる

左：研究室階には共通して、個室、ガラス張りになっている1層および2層分の高さの研究室、光や防音のコントロールを必要とする隔離された研究室、ミーティングや共同作業のための部屋等の機能が備わっている

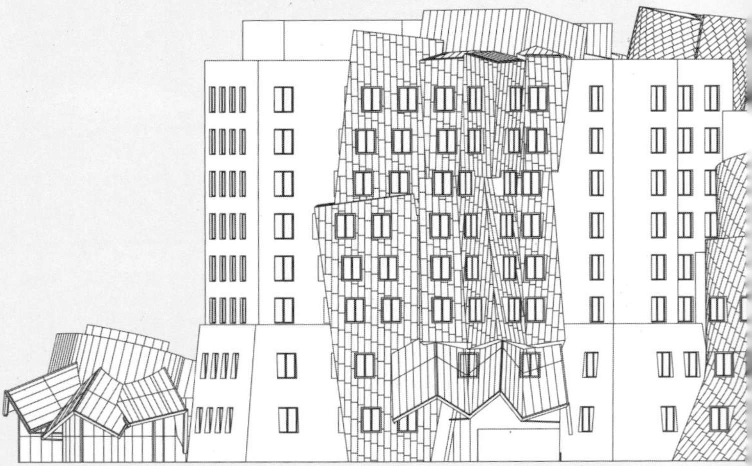

キャンパス側（南）立面図

ヴァッサー通り側（北）立面図

ゲイツ・ビルディング側立面図

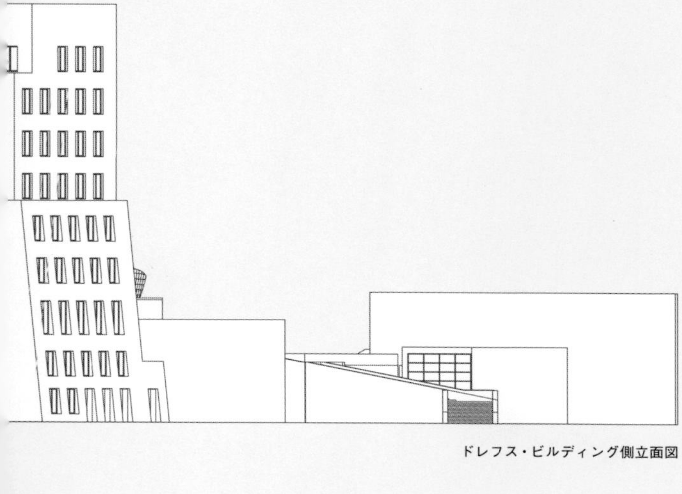

ドレフス・ビルディング側立面図

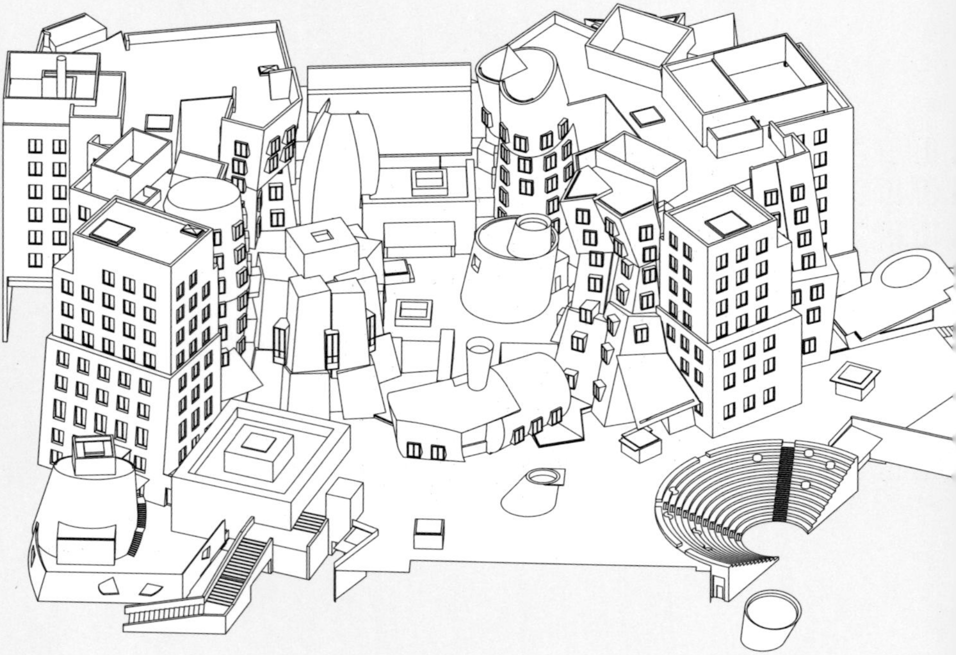

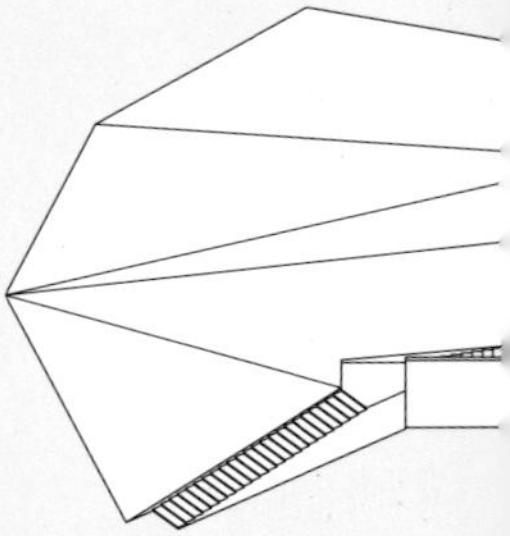

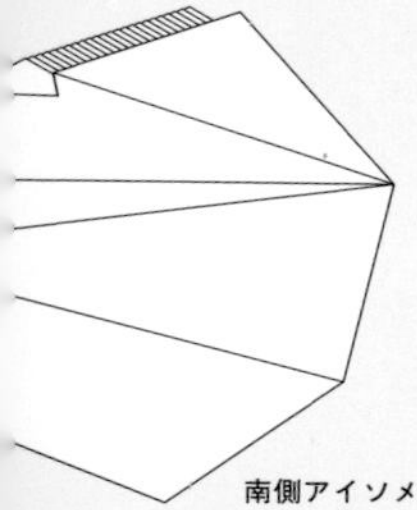

南側アイソメ

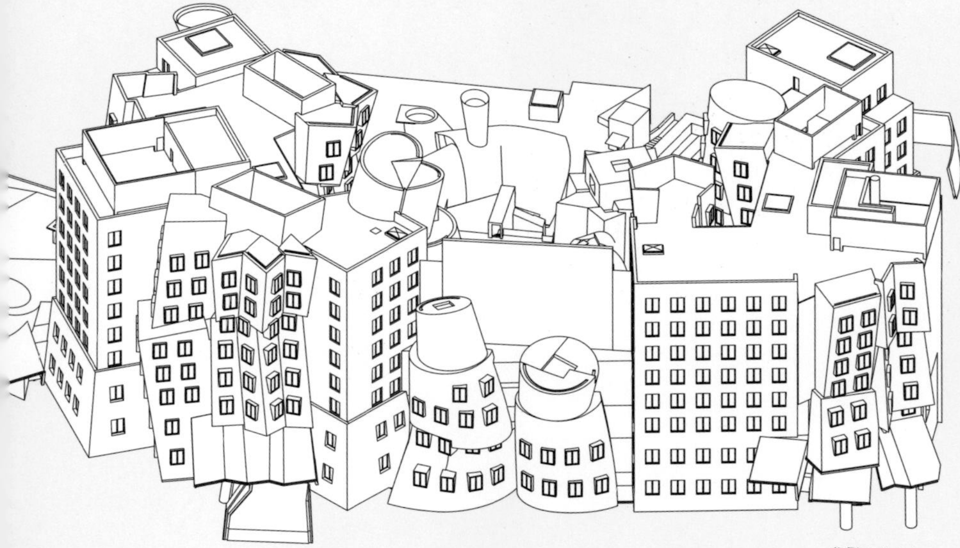

北側アイソメ

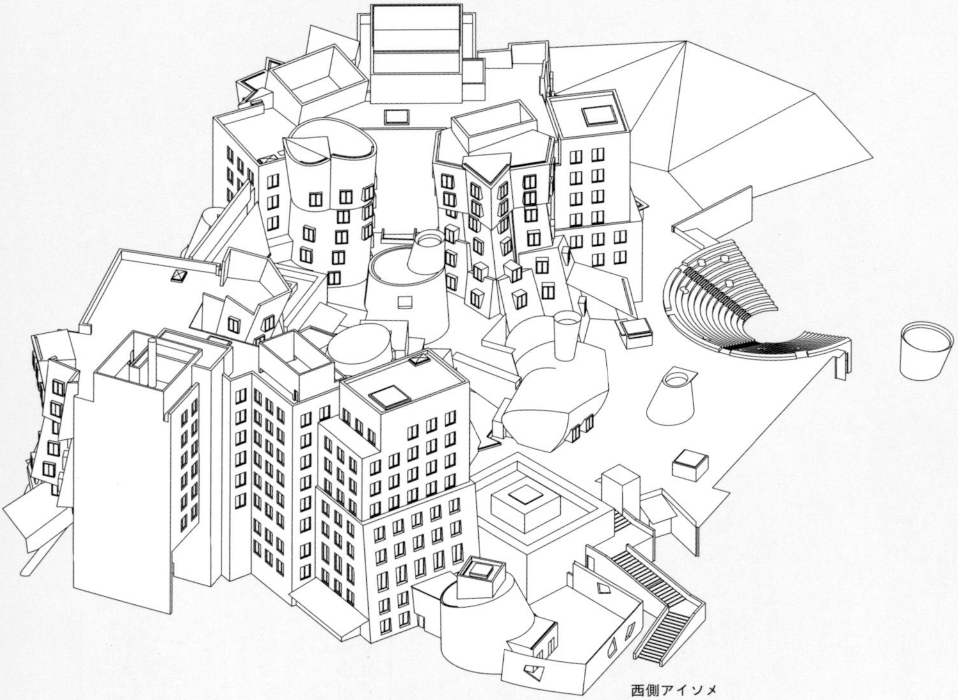

西側アイソメ

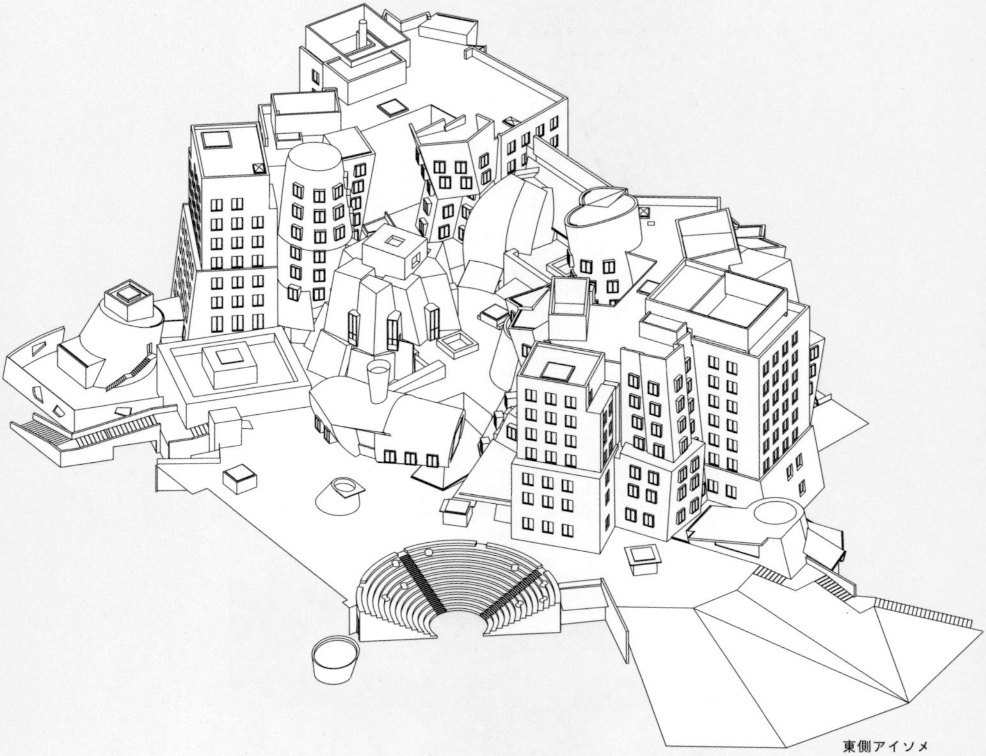

東側アイソメ

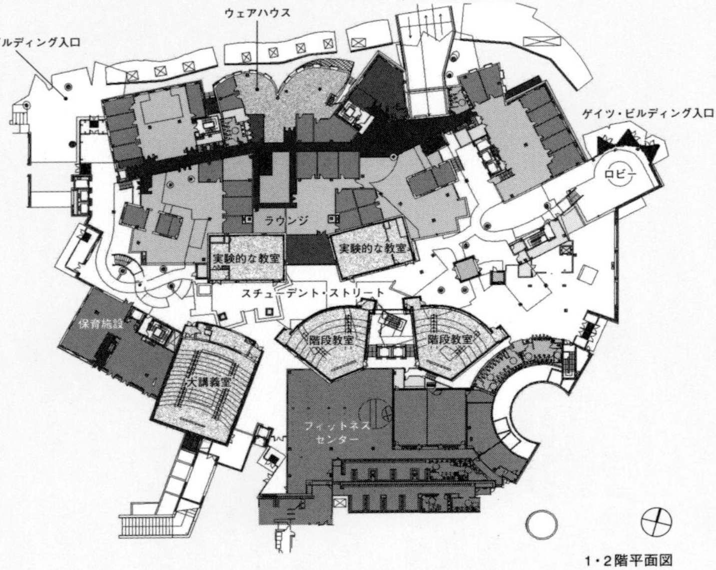

1・2階平面図

3階平面図

オープンな空間　コモンズ　関係者専用の動線　一般の動線　研究室　隔離された実験室

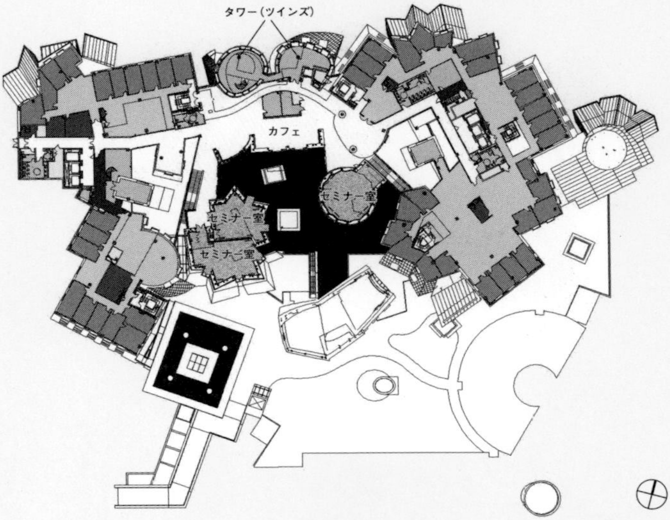

4階平面図

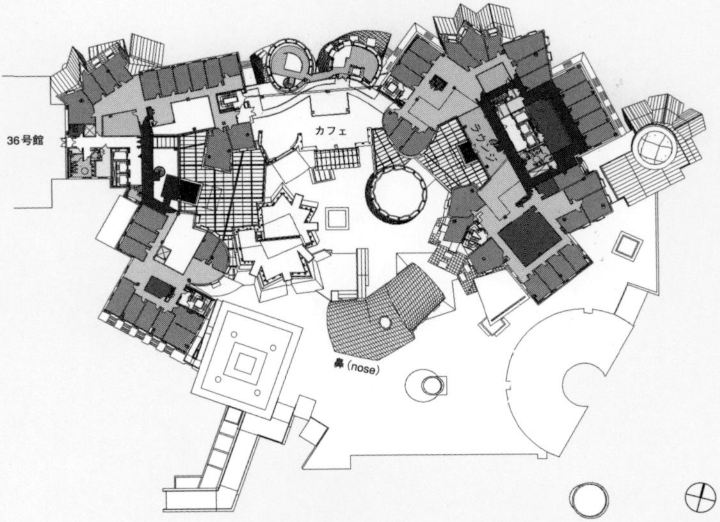

5階平面図

オープンな空間　コモンズ　関係者専用の動線　一般の動線　研究室　隔離された実験室

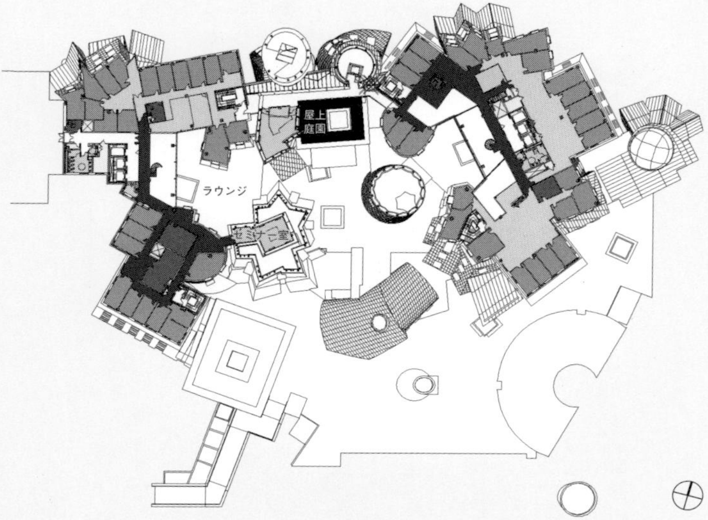

6階平面図

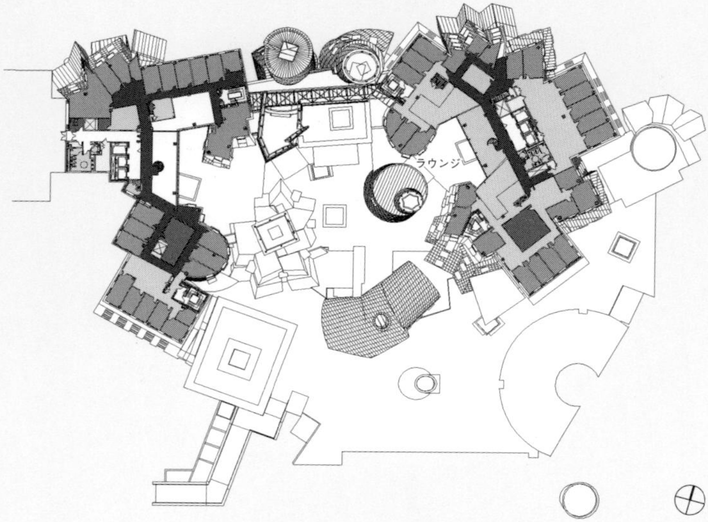

7階平面図

オープンな空間　コモンズ　関係者専用の動線　一般の動線　研究室　隔離された実験室

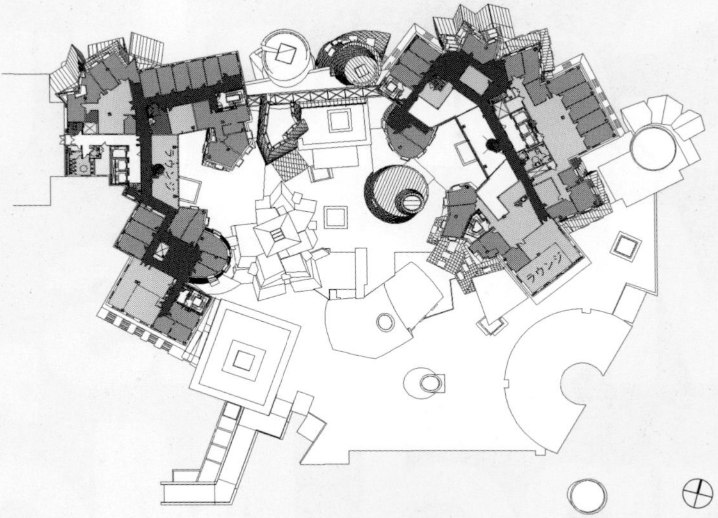

8階平面図

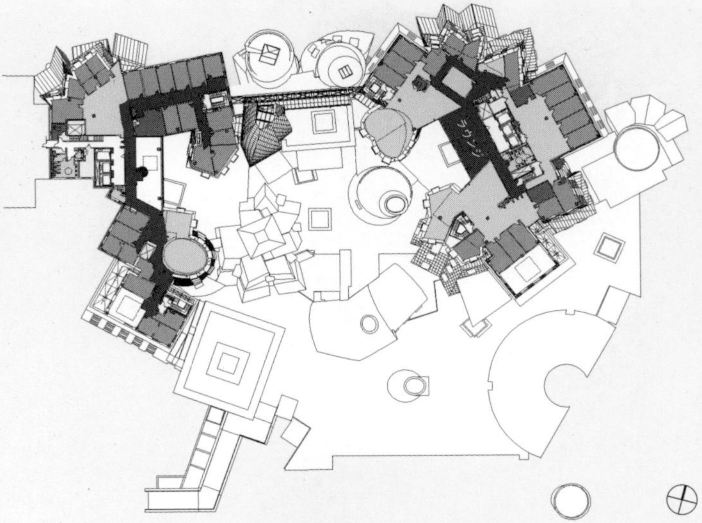

9階平面図

オープンな空間　コモンズ　関係者専用の動線　一般の動線　研究室　隔離された実験室

Construc
Means, M
and Mat

コンストラクション——手段、工法、そ

tion :
lethods,
erials

して 材料

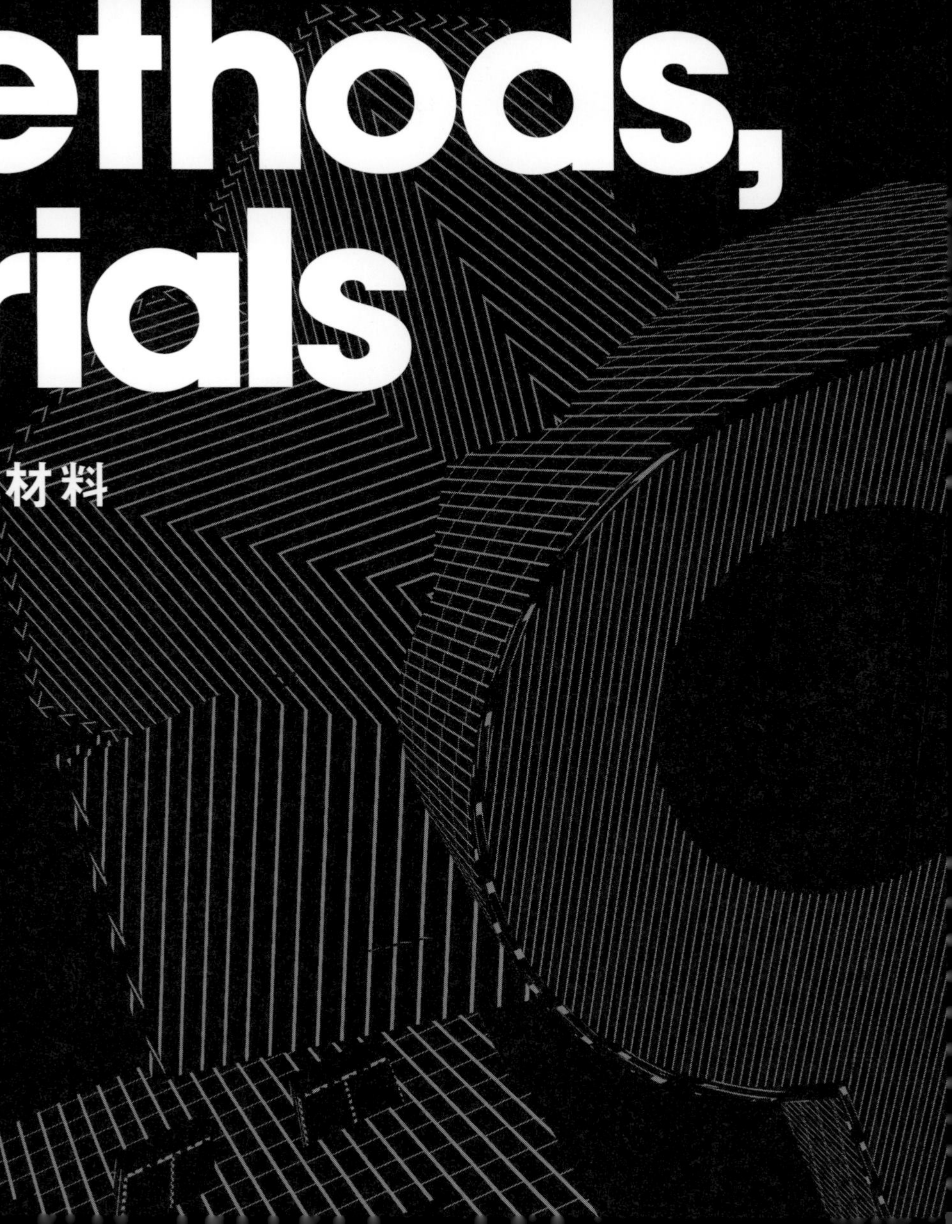

Construction / The Design Meets the Construction

デザインから建設へ

新しいステイタセンターの設計者にフランク・O.ゲーリーが選ばれると、MITは設計を支援するためのチームを組織した。ゲーリーのこれまでにない特異な設計と建設の方法や、彼の事務所が遠く離れたロサンゼルスに位置するという地理的条件を考慮して、MITはプロジェクトの初期段階から建設会社を参加させることにした。ゲーリー・パートナーズは、この決定に賛成しただけでなく、建設会社が事前に提供してくれるアイデアを確実に施工に反映するために、この建設業者がセンターの施工者になるべきだということも強く感じていた。

MITは、建設会社の選定に際して、ゲーリーのアドバイスを参考に選定基準をまとめた。主要な基準は、その会社がこの規模のプロジェクトを引き受けるための、十分な財政的裏付けがあるかどうかということであった。MITは同時に、地元の労働市場を熟知し、下請業者と長年関係があり、過去において大学と働いた実績のある会社を探し求めた。また、それまでゲーリーは海外でいくつかの重要なプロジェクトを完成させていたので、MITは国際的なネットワークをもち、ヨーロッパの技術を熟知している会社を求めた。

ゲーリーの事務所を採用するにあたり、MITは革新的な建築デザインのための卓越したコンピュータ技術が利用される日が必ず到来するだろうから、コンピュータ革新や最先端技術を研究するコンピュータ科学研究者からなるセンターの多くの利用者と、じつにうまく調和すると確信していた。チームを完成させるために、MITは、技術に熟達しており、実験的な設計提案に対応することができ、そして設計工程の初期において交わされる奥の深い会話に積極的に参加できる、知性的な深みをもっている建設会社を求めていた。

その基準のすべてに当てはまるのが、ビーコン・スカンスカ建設会社（現Skanska USA Building, Inc.）であった。ビーコンは、このプロジェクトがはじまる何年も前に、スウェーデンのスカンスカUSA社と合併した地元企業である。MITにとって、スカンスカは世界で最も大きな建設会社のひとつとして、財政的基盤や国際的な専門的技術だけでなく、地元建設業界についての深い知識をもち、かつ、長く大学と関係のある地元の会社であるという2点で、最良の選択だった。さらに、スカンスカの当時の社長ジェームズ・ベッカーはMITの元教授でもあった。大学の文化や、大学の使命に関する彼の深い知識と会社の業績があいまって、センターの設計の期間、重要な役割を果たしたのである。

設計段階でスカンスカは、とくに設備システムや材料、コスト、スケジュール、工法の設計支援を行った。デザインが進行すると、ディテールやコストについてのアドバイスを受けるために、主要なサブコンを参加させた。初期の段階では、ゲーリーとMITは設計や建設の一部に利用できるものがないか、当時MITで進行中のいくつかの研究プロジェクトを調査した。たとえば、新しい照明技術や、コンピュータのCPUが発する熱を捕らえて再利用する方法、コンピュータ科学者自身によって開発された数種の映像グラフィックツール等である。建設業者の役割は、それらの実施可能性の分析とコストの概算を提供することだった。研究プロジェクトの多くは本質的には学術的なものであり、建設業者は抽象的な意見を具体的な金額として表す必要があった。結局、プロジェクトのいずれもが実用段階に到達してはいなかったが、この会話を通して、建物の光や熱、そしてコンピュータの利用法について、チーム全体が創造的に考えるようになった。

ステイタセンターの多くの部材は、この計画のために開発されたので、特注のデザイン、製作や、特別の施工技術を必要とする場合もあった。建設業者と設計者の双方にとって、これは、設計が終了する前に設備システムのコストを見積もることや、製作方法と現場での組立て方法を決定すること、そして組立てに要する時間を予想することが要求されるため非常に難しい問題であった。通常、初期の見積りの多くは、従来の経験に基づくものであるが、この特殊なプロジェクトにはその手法を用いることができないため、スカンスカのスタッフは、設計の意図を彼ら自身で汲み取らねばならなかったのである。

初期段階でのこれらの決定のために、サブコンの力を借りたこともある。たとえば外装については、実施設計図書を完成させる前にサブコンを決定するため、性能基準に基づくプロポーザル方式による競争見積り（RFP：Request for Proposal）を行った。実質的には、MITが詳細設計を手伝ってもらうためにサブコンを雇うようスカンスカに依頼したのだが、これはサブコンにとってだけでなく、スカンスカにも従来にないやり方である。

深刻な問題のひとつは、請け負った価格が保証できる業者を探し出すことだった。入札時、ボストンの労働市場は、ボストンのセントラル・アーテリー（高架型の高速道路）を地下に埋設するビッグ・ディッグというアメリカで最も大きな公共事業が最盛期を迎えており、さらに景気は急成長、そしてドットコム産業（インターネット関連の新興企業）が豊富なベンチャーキャピタルを使って建物の建設を進めているという状況下で、非常に厳しいものであった。当時の経済状況は買手市場だったのだ。これら外部の要因に加えて、入札参加請負業者は、見積り、製造、そして最終的には複雑なデザインを建設していくといった技術的課題について、高い解決能力が求められた。

スカンスカは、それらの業者にステイタセンターがやる価値のあるプロジェクトであると納得させなければならなかった。ゲーリー、建設業者、MITのすべての関係者が、専門サブコンについては影響力や関係があったので、この3者によって最終入札者のリストが作成された。

しかし、MITとスカンスカは、慎重に選んだこれらの業者でさえも、プロジェクトのもつリスクを思うと、価格を吊り上げるのではと心配した。ゲーリー・パートナーズは、入札説明の一環として、設計をわかりやすく説明し、デ

建設活動には多くの形態がある。建築家、建設業者、発注者、そしてサブコンを含む金属工事業者が工場で打合せをしたり（上）、施工者は現場のある特定のエリアでは仮設の階段を用いて昇降したり（左下）、現場作業員が施工図を確認したり（右下）といった多様な活動が建設工程において行われる

ィテールを理解してもらう算段を行った。建物の大きな模型をケンブリッジへ運び、実物大モックアップをMITに設置し、たくさんのスケールの小さな模型をカリフォルニアで組み立て、さらに3次元コンピュータ・モデルを使って、それぞれの部品がどのように組み付けられるかを解説した。サブコンに対する説明会での設計プレゼンテーションでは、ゲーリーの事務所の設計者はディテールと設計意図を説明し、スカンスカの代表者は3次元CATIAモデルにスケジュールを組み合わせた4次元モデルを使って、工程管理を含めた現場管理計画を説明した。

これらの努力は、プロジェクトに対するリスク意識の低減に役立った。さらに、スカンスカはCATIAシステムを学ばせるために2人のエンジニアをカリフォルニアへ送り、CATIAのために2台のワークステーションを現場に導入した。そうしてソフトウェアを自ら操作できるおかげで、エンジニアたちは入札の過程や契約後もサブコンの質問に対して答えることができたのである。

入札時には、スカンスカは衛生空調、電気、鉄骨、煉瓦などといった各業種の多くの会社へ実施設計図書を送った。その工程を経て、スカンスカは契約コスト内で実施設計図どおりに仕事を完成させることを保証する最高価格保証契約（GMP）をMITと交わした。GMPには、サブコンたちの直接工事費、予期しない不慮の事態に備える予備費、間接工事のためのコスト、そして報酬が含まれていた。この時点から、スカンスカはゲーリーのスタッフが考えたものを実現する責任を負ったのである。仕事の中心は、施工へと移った。

施工中、建設業者は実施設計図に描かれたデザインを実現するためにさまざまな方法を用いた。ちょうど建設業者が建築家に、建物を設計する方法を説かないように、設計者は請負業者に建物を建てる方法を語らない。そして、設計者が建物を発想したりデザインする方法を革新できるのと同様に、建設業者もまた独創的な工程を編み出すことができる。現場でつくった工具やその場で工夫した解決策が、建物のほとんどすべてで使われている。その成果が規定された設計目標を満たすのであれば、建設業者はこれらの手法や解決策を実施することができるのである。

建設工事の構成要素は、材料、機材、労働力である。建築家は、材料やそれらの組立ての仕様を決定する。建設業者は、材料を組み上げたり、取り付

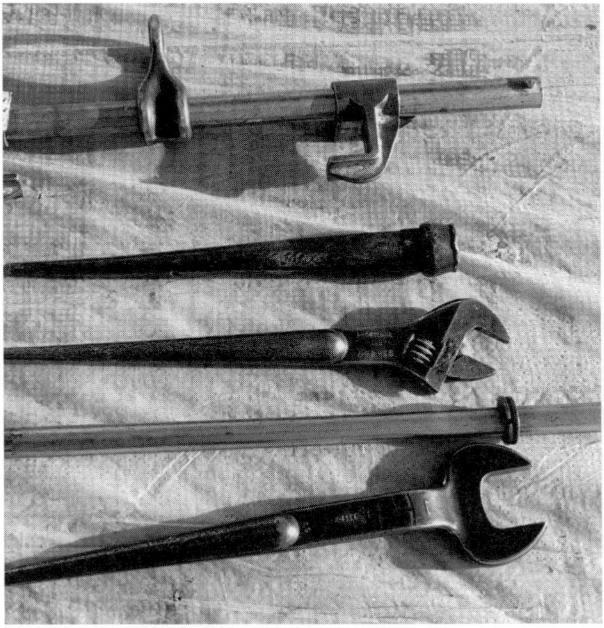

建設の道具は、鳶職が現場で使う工具から現場事務所で描かれる施工図まで広範囲にわたる

けたりするために必要な機材や労働力を手配する。

組立て工事が始まる前、建築家は建設業者が実施設計図の意図をちゃんと理解しているかどうか確認すべく情報交換を行うが、この打合せは施工図や他の提出物を介して行われる。専門サブコンが作成する施工図は、材料の組立て方法を詳細に記述している。図面には、ボルトの種類やサイズまで明記されるくらい詳細に書き込まれているのだ。また設計の目的を成し遂げるための方法は唯一無二とは限らないので、最も経済的で効率の良い工法を知りうる立場にある専門サブコンが、どこまで詳細に示せばよいかを通常は決めている。ゲーリー・パートナーズはそれまでの経験から、専門業者が提供する専門的知識を信頼することを学んでおり、場合によっては、デザインプロセスの初期の段階から、どのようにシステムを組み上げるかを設計するために専門サブコンを雇った。この点において、ゲーリーの事務所は従来の建築実務とは異なった手法をとっているのである。

従来の実施設計図面では、多くのディテールは他の建物で使ったものや長期にわたって実証されてきた標準的なものが用いられた。したがって、設計者と施工業者の両者はその施工法を熟知しており、それがどのように見えるか、コストがいくらかかるか、そしてそれを取り付けるためにどれだけの時間がかかるのかを予測することができる。建築家の多くも、管理された環境条件下で試験済みのメーカー標準のディテールを設計図書に取り入れている。環境条件はモデル化され、そのモデル化された環境に対して耐久性が試される。設計図書で材料と組立て方法を明示することで、建築家はそのシステムが試験済みの条件のもとで成立することを保証している。同様に、メーカーは特定の製品のための施工方法を提案し、さらに認定施工業者のリストを提供する場合もある。この推奨された施工方法に建設業者が従う限り、メーカーは製品を保証するのである。

ゲーリー・パートナーズは自らのディテール・ライブラリーを開発する一方で、いくつかはメーカーのディテールを使用している。しかしながら、彼らの仕事の多くは、最も標準的な施工方法に比べるとかなり進んでいる。ゲーリーの事務所は、新たな発見や実験のためにコンピュータ技術や材料科学を駆使しているが、それは建築をより高いレベルへ導くものである。すべてのプロジェクトは、この目標をさらに前進させるための新たな機会であり、それは建設業者に対し工程全般にわたって、より総合的な役割を要求した。多くの構成部材については、信頼性のある品質と性能の基準も、メーカーの仕様書もまだ存在しないため、チームは一体となって多くの方法からそれを開発する必要がある。

そこで最も有効的な方法は、実物大モックアップである。ステイタセンターでは、外壁のモックアップを工場で製作して、ガラスの防水性能や取付けディテールが試され、破壊試験により金属パネルの構造の耐久性が、また、耐熱試験では熱特性が確認された。ディテールが性能基準を満たすことが確認されてから、部材は製作に移された。

異なった業種を区別するために、実施設計図に書き加えられたカラフルな手描きの指示書

すべての実施設計図の目的は、現場の作業員へ設計意図を伝えることであるため、相互理解による規則に則った、建築家と建設業者の間のコミュニケーションが重要である。ステイタセンター・プロジェクトでは、2人の建築家が建設現場に常駐し、毎日の質疑に対応した。

仕事全般にわたって、ウェブベースのプロジェクト・マネージメント・コミュニケーション・システムがチーム全体の共通の伝達手段として用いられた。チームの建築家、MIT、請負業者のみんなが同じサイトにログオンし、公式な情報をやり取りし、すべての通信は記録に残される。このシステムにより、明快で要点が絞られた通信が可能であった。プロジェクトの終盤には、時間が残り少ないため、効率よく決定を行っていくことが重要となってきたので、現場の特殊な問題を解決するためのチームが構成された。建築家、現場監督そしてプロジェクト・エンジニアからなる代表者たちは毎週現場を歩きまわり、問題が発生する前に組付けの詳細やデザインに対する質問に受け答えしたため、現場の工程はつねに予定より先行していた。

多くの建設関連の活動は、材料が現場に到着する前に行われる。たとえば、自動車産業やその他の製造業と違って、建設業界は既成品をほとんど使わない。標準の製品でさえ、通常は受注生産である。エンジニアリング、組立てと製造、そして運送と保管のすべては、建設の舞台裏で行われている。材料が現場に到着するときまでに、その材料は多くの工程を経ており、現場に着くと、すぐにそれらは計画に従って施工されるのである。

以降、主要な建設部材がいかに組み立てられていったかを述べる。

上：ベテラン教員や職員は、頻繁に行われる施設見学で建設工程をよりよく理解することができた。写真は、プロジェクト・ディレクター（原著者）であるナンシー・ジョイスが見学に先立ってグループに説明を行っている

中：CATIAソフトウェアと3次元測量機器は、現場での紙の図面の量を減らしたが、従来どおりの図面を見る必要性はまだ残っている

下：クリス・ケリーは現場監督のひとりで、ここに示されたような20冊のスケッチブックを書き溜めた。これらは、記録を取ったり、この現場特有の問題に関する解決手段や方法をスケッチしたりするために現場で使われた。デザインのディテールを決定する必要が発生すると、クリスは彼のスケッチを写真に撮り、建築家に送って同意を求めた。多くのディテールはこれらの小さな現場のスケッチブックから生まれたものである

Construction / Excavation

掘削工事——約15万m^3の穴

ステイタセンターの設計の最中、MITはケンブリッジ市に対して近くの敷地にある既存の駐車場を拡張する許可申請を行った。これはセンター建設に伴い撤去される駐車場を移転し、さらにセンターの完成時に近隣の賃貸スペースからキャンパスに移ってくる教員、研究者、および大学院生のためである。しかしこの拡張は、近隣の道路の交通量増加を招く可能性があったので、市はそれを却下した。それに対してMITは、ステイタセンターの建設の一環として、地下駐車場を設ける代替案を提案した。結果、この地域で生じる車両増加は、非住宅街に発生するものとなったため、より費用がかかる方法ではあるけれども、長い将来にわたる駐車場の需要を解決するものとして市より認可された。

この決定により、地下に3層分を追加するための基礎工事が必要になった。その際、長期にわたり建物を支える基礎と、掘削工事中の土留めと周りの建物を保護する仮設の支持システムを追加するという2つが決められた。

長期的な基礎としては直接基礎が選ばれた。よって、建物の重さは敷地から掘り出した土壌の重さとバランスをとるよう設計された。2つの重さがおおよそ等しければ、掘削による穴底部と周辺の土の圧力は変わらない。この方法はキャンパス周辺の他の建物にも用いられ成功していて、経済面でも効果的だった。しかし、掘削の間、土壌側面を支える仮設方法はまだ決まっていなかった。

3層分の掘削は、敷地の下の海洋粘土層まで食い込んでいた。この柔らかく多孔性の土壌は、不安定で予測できない動きをするものとして知られている。掘削中、この土壌を安定させるために、ダイアフラム鉄筋コンクリート、別名スラリー（懸濁液）ウォール工法による支持システムが提案された。

深い掘削工事には多数の仮設壁の工法があるが、選択は状況に応じて変わる。この場合は、地下水位が9フィート（約2.7m）であったため、防水性に優れるスラリーウォール工法が採用された。敷地が研究、および教育建物に囲まれているので、この工法は騒音が抑えられるという点でも有利だった。最終的には、スラリーウォールは地下3層スペースの壁としても恒久的に利用できるということで選ばれた。この工法は、ボストン地域では比較的新しい技術であったが、ビッグ・ディッグの掘削作業で、多くの地元業者は経験を積んでいた。

320×380フィート（約97.5m×115.8m）の広さの掘削工事は、ケンブリッジの歴史のなかで最も大きな穴であるといわれていた。海洋粘土層を考えると、最善を尽くしてもそれなりの危険性を伴うものだった。周囲の土壌からの圧力によって、崩落の危険性がある。この危険の要因となるのは、敷地周辺の建物の重量と、地域に供給するために埋設された設備配管である。

最終的には、30インチ（約76.2cm）の厚さ、深さ70フィート（約21.3m）のスラリーウォールが設計された。構造設計者たちは、数種のコンピュータ・シミュレーションを用いて、このシステムは十分な剛性を備えており、周囲の土圧に耐えうることを実証した。

当初スラリーウォールは、掘削の外側の土を堰き留める単純な片持ちの擁壁として機能するが、下に掘り進んでゆくと、3本の筋交いを用いて補助する必要があった。掘削工事中、壁の動きは壁に埋め込まれたセンサーにより、詳細に監視された。壁は土圧により、安全距離とされる1.5インチ（約3.8cm）より内側へは変位しないだろうと予測されていた。もしそれ以上変位した場

A：掘削には何台もの重機が投入された

B：土が掘り出されて穴が深くなると、スラリーウォールに補強が施された。補強は、3面に設けられた3層の地中アンカー、四隅の2層の筋交い、そして北側の2層のレイカーから構成されていた

C：敷地の隅角部の筋交いは、地中アンカーを補助して地中壁の水平方向の安定性を高めた

D：敷地柱状図

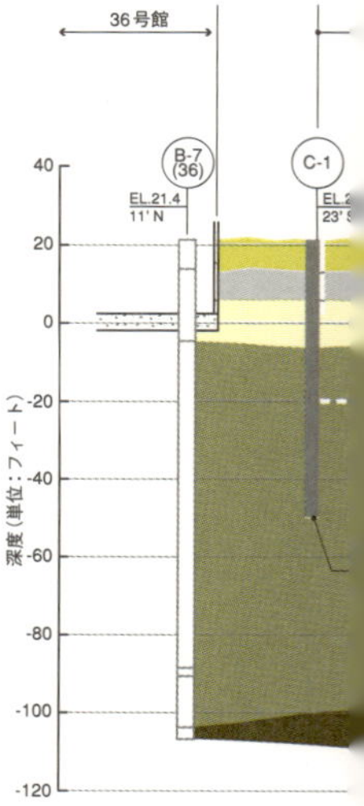

CAT
345B
CAT

A

B

C

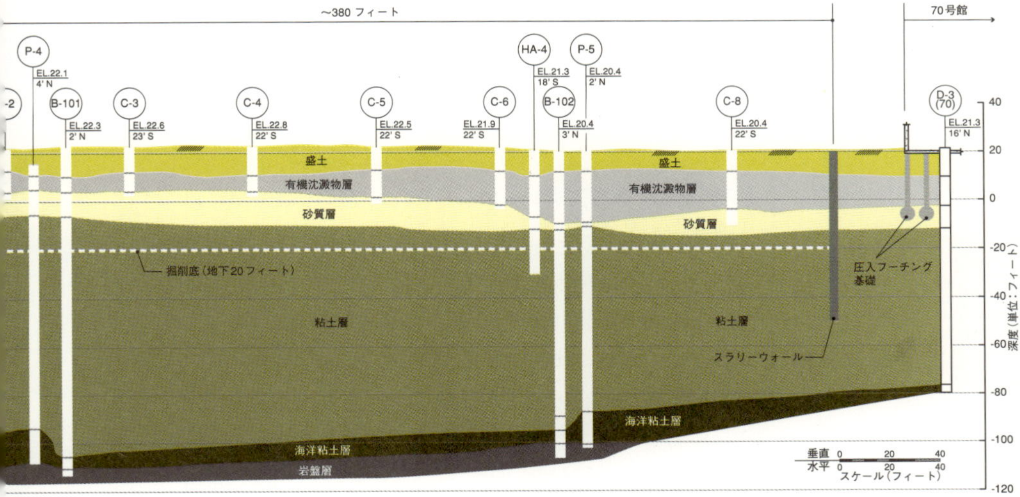
~380 フィート
70号館
P-4
EL.22.1
4' N
B-101
EL.22.3
2' N
C-3
EL.22.6
23' S
C-4
EL.22.8
22' S
C-5
EL.22.5
22' S
C-6
EL.21.9
22' S
HA-4
EL.21.3
18' S
B-102
EL.20.4
3' N
P-5
EL.20.4
2' N
C-8
EL.20.4
22' S
D-3
(70)
EL.21.3
16' N
盛土
有機沈澱物層
砂質層
掘削底（地下20フィート）
粘土層
海洋粘土層
岩盤層
スラリーウォール
圧入フーチング基礎
40
20
0
-20
-40
-60
-80
-100
-120
深度（単位：フィート）
垂直 0 20 40
水平 0 20 40
スケール（フィート）

D

合は、近隣建物や地下配管の補強の必要が生じ、費用の高騰と工事の遅延を招いただろう。しかし、注意深い監視と品質管理と土木技術により、無事、スラリーウォールの建設とそれに続く掘削は10ヵ月で完了した。そして最も大事なことに、壁本体が崩れることはなかった。

この結果MITは、地下の2層に希望していた685台分の駐車スペースと、地下1階に荷捌きスペースを得ることができた。それは、市の評価基準を満たしたばかりでなく、かつて地上駐車場であった敷地に、MITの活動のためのよりよいスペースをつくりだす好機となった。

地下の状況

敷地の57ヵ所のボーリング調査により、9フィート（約2.7m）の地下水位、有機質と砂からなる30フィート（約9.1m）の層、その下に80フィート（約24.4m）の海洋粘土層が確認された。岩盤はいくつかの地点では140フィート（約42.7m）下にあった。こうした情報は、基礎の形式と、側壁水平方向の仮設の支持システムを決めるのに役立つ。ボーリングにより抽出された試料はまた、危険物質の有無を調べるために検査され、陽性と出た危険な物質は、掘削中、分別・処理されて敷地外に特別に設けられた埋立地に廃棄された。

補強工事

地盤を支持する壁には、鉛直方向の安定性を増やし、より大きな荷重を支えることができるように、地中アンカーが加えられた。長いもので100フィート（約30.5m）もある鋼線は、水平方向に5フィート（約1.5m）、縦方向に11フィート（約3.4m）間隔で3層にわたり設けられた。地下のガイライン（張り綱）となるこの鋼線は、あらかじめ設けられた下向きに傾斜した穴に通され、鋼線とともに取り付けられたPVCチューブを使って、ポンプで圧送されたグラウトで地盤に固着された。底部で球状になるように流し込まれたグラウトは、アンカーに引張力を生み出す。グラウトが硬化し、キャップを溶接して鋼線が緊張されてから、圧力テストによりグラウトと溶接によって鋼線が的確に緊張されていることが確認された。このポストテンション工法により、地中壁を支持するのに必要な力がそれぞれのアンカーに与えられた。

さらに補助的に、隅角部に水平筋交いが、また公道との境界部分では地中壁の内側に筋交いが設置された。掘削された穴の四隅にかかる余分な荷重を支えるために、地下10フィート（約3.0m）および30フィート（約9.1m）の2層に仮設の梁が架けられた。通りの側では、引張力をかけておいたレイカーと呼ばれる斜めの鋼管が、同じく地下10フィート（約3.0m）と30フィート（約9.1m）の2層に取り付けられた。

公道側の面でも地中アンカーを用いる予定であったが、市は、道路の下にアンカーを埋設する安全性に懸念を示した。レイカーは掘削域内で支持することが必要だったので、北側の地中壁を支える堡塁は、1階のスラブが打設されてレイカーが受けもっていた荷重を代わりに支えるようになるまで残された。駐車場の床が完成し、外周部の基礎壁を支持することができるようになると、筋交いとレイカーは撤去され、地中アンカーにかけられていたポストテンションは解除される。しかし、アンカー自体はその場に残された。

穴掘り開始

地中連壁が設置されたことにより、本格的な土壌の掘削が開始される。全部で20万立方ヤード（約15万3,000m^3）、トラック1万台分の土が、7ヵ月以上かけて敷地から掘り出された。一連の掘削作業工程は、一部の土を別に処理する必要性から決められた。土壌ははじめに、地中アンカーを設置することができるよう、敷地の周囲3面に沿って取り除かれた。敷地の中心部の掘削は、周囲のエリアが安定するまで行われず、また、北側の壁ではラッカーが取り付けられるまで土壌は残された。ボーリングテストにより危険性が確認された範囲では、土は規定の方法で取り除かれ、その他の掘削された土とは分別された。

スラリーウォール工事

平均25×2.5×70フィート（約7.6m×0.8m×21.3m）の、69枚のスラリーウォールの地中壁は、周囲の土圧を最小限にするよう杭垣配置で設けられた。

A：敷地では、地中配管やその他の障害物のすべてが撤去された。10フィート（約3.0m）の深さの予備的な穴が敷地の周囲全体に掘られたが、地中配管は通常10フィートの深さに埋設されているので、この予備掘削ですべてが見つかった。この穴の中地下5フィート（約1.5m）の深さまで、平滑で掘削のガイドとなる溝をつくるために、軽量コンクリートによる側壁が打設された

B：これらの溝が、クラムシェル掘削機で穴を掘り、鉄筋のケージを挿入する際のガイドとなる

C：各壁板のための掘削に続き、ベントナイトと水の混合物であるスラリーがポンプで注入される。スラリーは土圧に耐えるために十分重くなければならないが、同時にコンクリートによって置き換えられるとき、ポンプで汲み上げられるよう流動的でなければならない。スラリープラントが現場につくられ、スラリーは地面に這わされたパイプシステムによって、特定の位置に注入された

D：ひとりの作業員が穴を掘ると同時に、別のものは鉄筋のケージを組み立てる。いったん組み立てられてから、ケージは所定の位置に移動された

E：ケージが埋設される前に、ガイドとなるH型鋼（写真中）が掘削された穴の両側面に落とし込まれる。この型鋼により端部に切り欠きができ、隣接するパネルを打設する際の継ぎ手となる。型鋼はまたケージを穴に入れる際のガイドとなる

F：ケージが設置されると、コンクリートが注入され、代わりにスラリーがポンプで汲み出された。ポンプで穴から抜かれたスラリーは、敷地内プラントに送り返され、濾過され、そして再利用される。型鋼もまた引き抜かれて、再利用される

G：スラリーウォールの施工プロセス

A

B

C

D

E

F

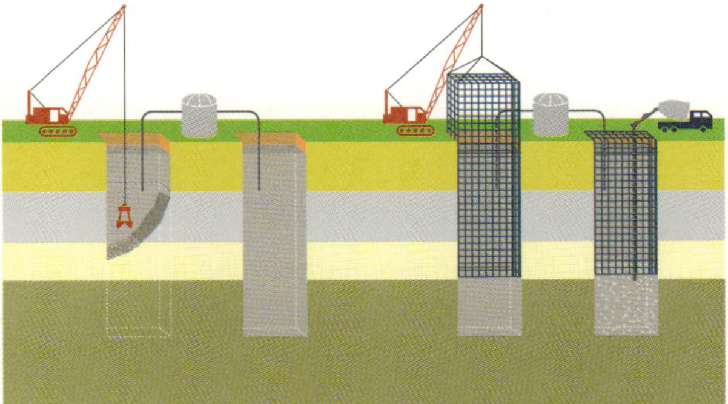

G

Construction / Concrete

コンクリート工事——1分に1台のミキサー

ステイタセンターの基礎、床スラブ、柱、梁、屋根を構成している現場打ちのコンクリート構造体は12万トンの重さがあり、建物全体の重さの85%とコストの20%を占める。床スラブの上げ裏と柱は直接仕上げ面として露出されている。全工程のおよそ半分の期間にあたる24ヵ月が、コンクリートの打設に費やされた。最終的には、80,000立方ヤード（約61,160m³）が打設され、その60%が地下部分であった。

コンクリートは強固な塊をつくるために、自然の原料を組み合わせてつくられたものである。基本的な原料はセメント、水、砂利である。セメントは石灰石、粘土、砂からつくられており、それらは混ぜ合わされ微粒子化され、熱を加えられて化学反応を引き起こす。さらに最後にポルトランドセメントと呼ばれる灰色の粉になり、コンクリート・プラントに送られる。それらは設計で指定された比率で水と砂利に混ぜられ、この比率がコンクリートの終局強度を決める。水はセメントの水和反応を引き起こし、コンクリートが成形されるための流動性を与える。コンクリートの水和反応により砂利が固められるが、コンクリート・プラントから出荷されたコンクリートは、硬化が始まる前に現場に到着しなくてはならない。ステイタセンターの場合、90分が最大の時間制限であり、それには地場の生産プラントでなければ対応できなかった。

コンクリートが現場に着くまでに、すでにほとんどの準備は終了している。大工は型枠を組み立て、電気技師は鉄筋のメッシュのなかにコンジット（導管）を入れ、配管工はパイプを敷設し、鉄筋工は鉄筋を組んだ。コンクリートは圧縮には強いが引張りに弱いため、鉄筋が張力を補強する。鉄筋は切って曲げられ、各棒に印をつけて個々に束ねられた状態で現場に着く。現場では、型枠内の鉄筋を手で組み立てるために緊結ワイヤーが用いられた。

配筋が完了し、コンジットとパイプが配置されると、コンクリートが打設される。おもにコンクリートはミキサー車からポンプで圧送されるが、ポンプの長さが足りない場合は、クレーンに吊るした幅広の平たいバケットで移送される。ミキサー車からコンクリートが圧送されるたびに、スランプ試験によって含水率が確かめられ、100ヤード（約91m）につき4つ採取される強試体によって圧縮力が検査される。

コンクリートが打設されると、隙間や余計な空気を残さず鉄筋に密着し型枠にまわるように、バイブレーターをかける。それから表面が水平に仕上げられる。型枠はコンクリートがおよそ75％の強度に達した後、撤去される。それは通常24時間以内に行われるが、場合によっては7日間そのままにされることもある。型枠は何度も転用されるが、柱の型枠システムは同時に、コンクリートスラブが十分に強度を発揮するまでのおおよそ28日間、スラブを一時的に支える役目を果たしている。適切に施工されていれば、型枠は構造的な心配をすることなく撤去できる。

サブコンが3次元ソフトのCATIAについてまったく経験がなかったので、コンクリート工事はすべて2次元の図面で表現された。しかしながら、コンクリートの体積を算出したり型枠の配置を決めたりするため、3次元の図面も作成された。

型枠工事

サブコンはペリ（PERI）・システムと呼ばれる、ドイツで開発された型枠と

ポンプ車によりコンクリートが穴の底部に放出されると、水平なスラブになるよう広げられる。ポンプ車から届く範囲より遠いところへは、大きくて平たいバケットにコンクリートを入れて、クレーンで所定の位置へ運ぶ。垂直な鉄筋群は柱の位置を示している

地下3層、地上9層の建物はおもに鉄筋コンクリート造で建設された。標準化された型枠と現場に合わせてつくられた型枠を組み合わせて建物の形をつくっていく。
密に配置された鉄筋は、コンクリートが確実に均等にまわるかということが課題だった。ユニークなデザインのひとつはフィットネスセンターの上部の天窓である（写真下）。各型枠パネルはCATIAモデルの座標点を用いて個々につくらなければならなかった

仮設の支持システムを利用して、コンクリートスラブ、壁、梁、柱をつくった。コンクリート壁はパネル化された型枠を用いてつくられる。さまざまな高さの天井やスラブ厚をつくり出すためには、アルミニウム・スラブの型枠システムが使われた。可能な場合は、規格化された柱の型枠を使って一度にたくさんの柱がつくられた。これらのシステムに加えて、特異な形の構造体をつくるためには特注の部材が使用された。

型枠工事の大部分は、再利用できるパネル、梁型、支保工のシステムでスラブをつくることだ。アルミニウム製の支保工はあらゆる天井高に合わせて調整が可能であり、コンクリートが固まるまでの一時的な支えとして機能し、床のパネルと梁を早く脱型させることができる。このような調整可能なシステムにより、現場に用意しなければならない機材の量を最小限にでき、また各部品をひとりで扱うことが可能になった。

スケジュールと搬入計画

コンクリートの打設は連続的に行わなければならない。十分なコンクリート量を確保するため、大量の打設を行う場合はたいてい土曜日に行われた。たとえば、基礎スラブは9回の打設が必要であったが、最も大量なものでは24,000平方フィート（約2,230m^2）の床をつくるために、3,600立方ヤード（約2,750m^3）のコンクリートが必要だった。1台のコンクリートミキサー車は10立方ヤード（約7.65m^3）を運搬することができるため、まずプラントで十分なコンクリートが確保できることを確認して、必要台数のミキサー車が現場に着き、使用限度である90分の間に効率的に各車からコンクリートを確実に打設するという、無駄のない工程管理と綿密な搬入計画を行わなければならなかった。最終的には、この打設のために1時間に600立方ヤード（約460m^3）が現場に運ばれた。つまり1分間に1台の計算だ。

鉄筋工事

コンクリートは圧縮に対してはとても良い材料だが、引張りには強くない。型枠の中に組み立てられる直径約3インチ（約7.6cm）までの鉄筋が、コンクリートに不足している引張力を与える。それらの鉄筋棒はコンクリートとよく定着するためにリブが付いている。鉄筋量が多い場合は、周りにコンクリートが確実に定着されるようにするために打設には細心の注意が必要である。

鉄筋は個々にカットされ曲げられて、配筋図と対応するようひとつの束にされ、確認札とともに現場に搬入される。鉄筋業者は地下工事に際しては手描き図面を用い、地上階ではAutoCADを用いた。鉄筋のメッシュの組立ては、鉄筋をワイヤーで、しかも手で束ねていくという非常に労働集約型の仕事であった。鉄筋組立てに際しては、スペーサーを入れ、コンクリートが打設される間変形しないように要所要所で溶接された。

左上：システム型枠のおかげで、コンクリート業者は床スラブの型枠をすばやく組み立てることができた。型枠が設置されると、鉄筋が組まれ、コンクリートが打設された

左下：土曜日はコンクリート・プラントからキャンパスまでのミキサー車の流れを継続的に保つことができるため、コンクリート打設計画にとって大量の打設に最も適した日であった

右：建物上層部の重さに耐えるため、最も下の位置の基礎スラブは4フィート（約1.2m）の厚みでコンクリートが打設された。鉄筋の組立てが終わって打設が行われる前に、電気と情報のコンジットと設備配管が鉄筋の間に敷設された

FOCUS : 3-D Surveying

3次元測量

ステイタセンターの建設にあたっては、異なる形状の材料を現場のいろいろな位置に配置するという特殊な課題があった。長方形の壁で構成される伝統的な建物では、建設業者が現場で位置情報を知るためには、2次元の平面図、立面図および標準の測量機器があれば十分である。このプロジェクトでは、スラブの端部が楕円形状をしており、柱や壁がねじられて傾斜し、さまざまな成《せい》をもつ梁があるので、必要なスラブ、壁、柱の位置情報を施工者に与えるためには、コンピュータ3次元測量機器に加えてコンピュータでつくられた3次元モデルが必要だった。

この技術は、デジタル方式のトータル・ステーションと呼ばれる測量装置である。この装置を設置するには、まずコントロールポイントを周囲のビルに設ける必要がある。前もってMITが設置したポイントに加え、施工業者はさらに追加して設置した。周囲の建物に設置されたプリズムが測量機から発射されたレーザー光を反射し、その往復にかかる時間を測定することによって距離を計算する。複数のポイントを計測することによって、機器は自分の位置を割り出す。これをもとに、施工者は手持ちの小型測量装置を用いて、3次元図面と照らし合わせながら高さや傾斜などの土地情報を正確に計測し、スラブや柱、梁を正確に配列したり、位置を割り出すことが可能となる。建物が建ち上がってきて視界からプリズムが見えなくなる前に、施工者は照準線が遮られない敷地内にコントロールポイントを設けた。

方法や時期じゃなくて、位置なんだ。

――― スコット・マッケンジー／測量技師

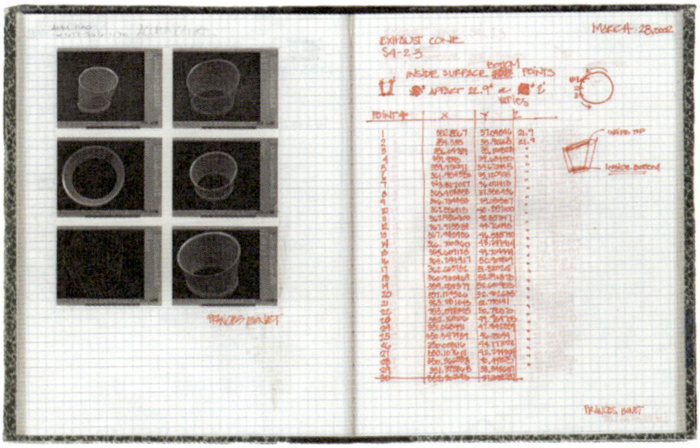

左上：多くのハイテク機器が使われるにもかかわらず、いまだ手描きのグラフや現場でのマーキングが必要とされている

右上の3枚：多くのコントロールポイントを利用して、測量士たちは必要な座標を割り出すことができる（上）。必要な点の位置を見つけるために、多くの機械が組み合わせられて使用された。図面は、計画全体のために設定されたコントロールポイントに基づいて、30フィート（約9.1m）グリッドで描かれた。図面情報がインプットされた機械測量機器（下左）により、手持ちの小型の機械も援用しながら図面上のすべての位置が正確に現場で割り出される（下右）

左下：グラフは、現場のマーカー位置の実際の座標を表示している

Construction / Structural Steel

鉄骨工事——260万ポンド（約1,170トン）の鋼鉄

鉄は比較的新しい材料で、19世紀の終わりごろ、建築界に現れた。この人工の材料は、鉄鉱石を石灰石とコークスとともに高温で溶かすことによってつくられる。この工程によって不純物が取り除かれ、溶解した鉄（銑鉄）が残る。それは溶鉱炉の中でスラグのような残りの不純物を除くために石灰と混ぜられ、角材に鋳造され、そして一連の圧延作業を経て望みの形に形成される。構造設計者は構材の形状、寸法、重量を設計し、鉄骨加工業者は詳細な図面を作成して、各部材の製作方法や正確な寸法を出し、それらをどのように他の部材とつなげるか、詳細に決定する。

ステイタセンターでは、製作図はハイテクなコンピュータによる作図とローテクな手描き図面を組み合わせて作成された。もともとは、すべての製作図をコンピュータで電子的に作成し、エンジニアの机上から製造工場へ手渡すペーパーレスのプロセスを意図していた。しかし、いくつかの複雑な鉄骨工事については手作業による作図のほうが効率的であることがわかってきて、スケジュールを優先するため、それらの詳細設計はロードアイランド（アメリカ北東部大西洋岸の州）や、マサチューセッツやメイン（同）の鉄鋼加工業者に発注された。

ステイタセンターの4階、5階、およびタワー上層部のいくつかの面白い形の部分を構成する構造鉄骨は、ロードアイランドとカナダで加工された。ボルト穴の位置がわかるように実物大のテンプレートが工夫してつくられ、L字鋼やベース・プレートのような接合部材は切断されて番号が振られた。梁は寸法通りに切断され、仕様どおりの半径に曲げられ、ボルト穴を開けるか溶接の準備が施された。加工が完了すると、鉄骨は発送用に荷づくりされた。

部材が現場に到着するとすぐ、鉄骨工は建て方を開始した。175フィート(約53.3m)の2つのタワークレーンが鉄骨を揚重して取り付け場所へ運ぶ。鉄骨業者に雇われた測量士が、鉄骨の位置を定め、組立工が骨組みを組み立てるにつれてそのレベルと高さをチェックし、主要な鉄骨部材は効率的な順番で組み上げられていった。はじめにアンカープレートが設置され、次いで部材が定位置に吊り上げられ、最後にボルトで留めるか溶接によって連結された。ボルト結合はせん断力のみに抵抗する必要がある部材に用いられ、溶接は回転力にも抵抗する必要がある部材に用いられる。ボルト結合と溶接の両方を行う部材もある。しかしながら、建て方が終了しても調整や2次部材の取付けにはより長い時間を要し、ときおり数週間も続いた。2次部材というのは、最終的な仕上げとなる金属パネルもしくは煉瓦を支持するために構造材に取り付けられる部材のことである。

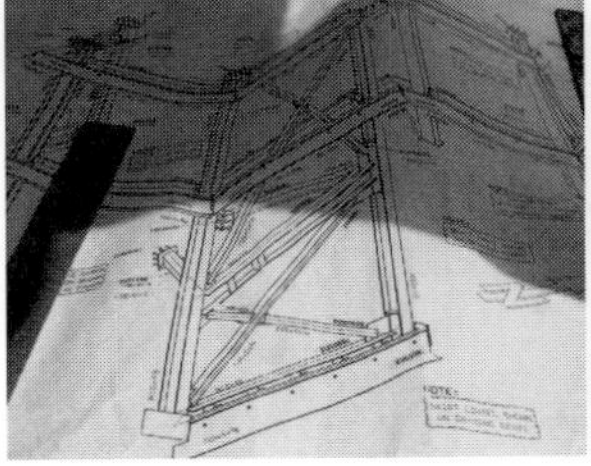

左：製作図はさまざまな鉄骨部材の位置や取付け順序を現場で確認するために使われた

右：ビル火災は鉄骨を変形させるのに十分な温度に容易に達するので、建築法規では鉄骨は耐火性の材料で保護することが要求されている。ドライウォールや木製パネルのような仕上げ材で覆われるであろう鉄骨には、軽量のセメントコーティングのような不燃性の素材が吹き付けられる。それは鉄骨を火災の影響から遮断する防火面を形成し、鉄骨が崩壊する温度に達しないよう保護する

現場作業員と材料の移動をしやすくするために、注意深い足場の仮設計画が必要であった。いちばん下の写真の湾曲した鉄筋の部材は、スチューデント・ストリート両端のキャットウォークの内部構造となる

各鉄骨を所定の位置に降ろすときには、支索をもつ現場作業員が誘導した

「キヴァ」と呼ばれる部分の頂上にいるひとりの溶接工が、鉄骨1次部材の数箇所の最終的な結合を行っている

上：鉄骨がこのようにガラスのスカイライトの支持材として外部に使われる場合と、金属パネルによって風雨から守られた内部空間で、耐火材に覆われて使われる場合の対比が見て取れる

左下：風雨にさらされるであろう鉄骨部材にはどこであれ、錆防止のために亜鉛メッキが施される。さらにゲーリー・パートナーズは目に触れるすべての鉄骨部材に亜鉛メッキを施すことを求めた

右下：鉄骨部材をアンカーに固定するとき、現場作業員は手信号でクレーン操縦者と通信し、操縦者はその指示に従って部材を揚重し、所定の位置に降ろす

FOCUS : The Nose

鼻

その形状から「鼻」と呼ばれる部分のインテリアでは構造鉄骨は露出していて、プラスター塗りの内装の仕上げ面は骨組みの後方に築かれる。ここは、研究者たちが建物の中で構造の鉄骨材を直接見ることができるであろう唯一の場所だ。ここでは理論的に設計された鉄骨材のシステムは、建築表現上の理由で変えられてはいない。このため、鉄骨部材のサイズは横梁に沿って一定ではなく、その半径は小さな非対称の円弧でつくられ、溶接接合とボルト接合が隣り合わせに用いられていることもある。しかし、いろいろな接合が見事に施工さ

たいていの測量士たちは1回か2回来てそれでおしまいだ。ステイタでは、私たちは絶えず測量チームをここに置いた。なぜなら、すべてが学ぶ機会だったからだ。　——リック・ソーザ／カプコ・スティール

れ、耐火塗料が吹き付けられて滑らかな仕上げとなっている。この塗料は熱が加わると膨張して、鉄が熱せられず、熱による損傷から守るものである。耐火塗料の上に仕上げの塗装を施すこともある。

MITで働く多様な世代のエンジニアは、あちこちを見て回って構造荷重を計算したりして、休み時間の楽しみになっている。

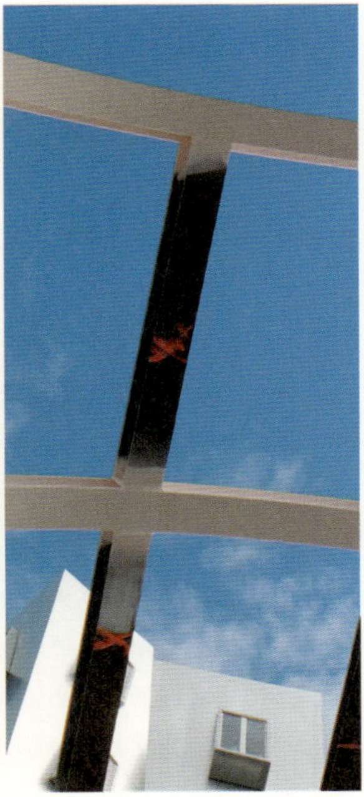

「鼻」の部分の鉄骨は乾くとピンクがかった色になる耐火性の塗料によって保護されているが、骨組みは恐竜の骨のようだ。この塗料は重ね塗りして利用され、乾くと平滑な表面になるため、鉄骨を露出した仕上げが可能となった。工場で組み立てられたパネルは鏡面仕上げのステンレスによって覆われる

Construction / Masonry

煉瓦工事——100万個の煉瓦

ステイタセンターの建設に使われた煉瓦は、一つひとつ手作業によって積み上げられていった。

煉瓦が積まれるまでには長い準備工程が必要である。この煉瓦は、カナダ西部の南アルバータとサスカチュワンの大きな粘土層の土からつくられている。とくに、ゲーリーの要求する特性や色を得るために、2〜6種類の粘土が混ぜられている。採掘された粘土は鉱石の含有量や正確な色、そしてその他の特性を検査するために1年の間貯蔵され、外気に曝された。その後、粘土は工場で細かく砕かれ、挽いて粉にされ、ふるいにかけて不純物を取り除き、工場の容器に詰められた。

製造工程は砕かれた粘土を砕粉機に通すことからはじまり、水と混ぜられ長方形のチューブの型から押し出された後、規定の長さにワイヤーで切られた。それから窯で焼き、乾燥させる。煉瓦が乾燥棚に置かれている間は、変色を調べたり、他のロットでつくられた煉瓦と比較するために、サンプルが無作為に抽出された。同時に、超音波試験機を使い、焼成されたサンプルの煉瓦の密度が、指定の範囲内にあるかどうかが確かめられた。製造業者にその煉瓦の使用が許可されると、ロボットアームによってトレイに降ろされ、見本の

斜めの壁と垂直の壁が接する場所では、大部分の煉瓦を手作業で切断する必要がある。均一な品質を維持するために煉瓦職人の親方はひとりのカッター名人を指名した。彼は独自に治具を設計し、すべての切断作業を行った

煉瓦の外壁の建設現場にはいくつもの業者が関わっていた。窓を取り付けるガラス職人、煉瓦を支持するL型鋼を取り付ける鉄骨工、そして煉瓦の後ろに壁を建てるシージングボードやコンクリートの施工業者。防水工事と足場工事はまた別の業者が担当し、そしてもちろん煉瓦職人は煉瓦を取り付けた。煉瓦の壁を確実に施工するためには、これらの業者の間の調整や協力が必要であった

サンプルと比較しながら色を組み合わせ、仕分けられる。煉瓦はその後、自動パレットマシーンによって梱包され、貯蔵や運搬のために包装された。

アメリカとカナダの製造業者がつくった煉瓦を慎重に比較検討して、ゲーリーは彼の必要としていた色や質感によく合っているという理由でカナダの煉瓦を選んだ。彼はひとつの煉瓦サンプルをもとにこの煉瓦に決定したけれども、正式に発注する前に実物大の模型をつくり、承認することを求めた。

そこで建設現場に3×10フィート大（約0.91m×約3.0m）のサンプルパネルを組み立て、建物が完成したときと同様の日照条件で、色合いを確認し、それが大きな範囲に積まれたときの美的効果を検証した。ゲーリーとMITは、色や質感、モルタルやシールの色と煉瓦の色との関係、そして最後には煉瓦職人の技術水準を確認して、その煉瓦を承認した。こうしたサンプル承認を経て、施工者は100万個のすべての煉瓦を発注した。

煉瓦が現場に到着しはじめると、実物大のモックアップにより最終確認が行われた。モックアップは煉瓦仕上げとなる壁の窓の納まりから、煉瓦を支持するL型鋼、窓のまぐさと窓台部分、そしてコーナーのディテールまで、すべての構成要素を見ることができるようにつくられた。この実際と同じ条件でつくられたモックアップではまた、防水層、モルタルの種類や色、つなぎ材やアンカー、水切り材、水抜き穴、そして外断熱材までつくりこまれていた。職人の技能、水抜き穴の詳細、モルタル、そして使用する道具やカッティング方法等について一連の会議や打合せをした後に、ゲーリーは煉瓦を承認し、煉瓦施工会社は職人たちの手配を行ったのだ。

上：煉瓦の重さを支えるためにL型鋼が一定の間隔で壁に水平に取り付けられた

中：煉瓦は垂直面だけでなく、歩道の表面や建物の縁石部分といった水平面にもまた使われている

下：煉瓦の舗石の下の防水層は路面を歩く圧力に耐えなければならない。屋根に使われるような本防水システムがここでは使われている

FOCUS : The Star

スター

　最初に現場に届いて建てられた鉄骨は、その形状から「スター」と呼ばれるパーツの主要構造体であった。しかし、スターの最後のひとつの煉瓦が取り付けられるまでには18ヵ月がかかっている。つくりはじめてから完成するまで、スターの建設にはステイタセンターにいろいろある構造物のなかで最も長い期間がかかった。

　建物が複雑な角度をもつため、最初の課題は煉瓦を支持するL型鋼をどうやって取り付けるかを決定することであった。そのL型鋼はある一定の間隔をもって水平方向に壁に取り付けられていった。水を流す必要もあるので、L型鋼には勾配をつける必要があった。また、コーナーではそれぞれの端の角度が違っているので、L型鋼が取り合うように角度をつけて切断する必要があった。L型鋼によって煉瓦の高さが決まってしまうので、

これは完璧な仕上げへの挑戦で、これ以上ない仕上げを目指している。

——— ポール・シーボルト／煉瓦職人の親方

これらの角度を正しく合わせることは必須事項であった。そして、煉瓦は建物の周囲を切れ目なく取り囲むよう正確に調節されていなければならないので、間違いは許されない。

この問題を解決するまでに9ヵ月の期間がかかったが、その後煉瓦職人たちはコーナー部の複雑な角度に対する問題に自分たちで取り組むことができるようになった。コーナー部のL型鋼はすべての列において形状が異なっていたため、コーナー部のすべての煉瓦は同じコーナーにあっても上と下の煉瓦では違う形に切断される必要があったのである。これは高い技術を必要とするじつに時間のかかる作業であった。

屋根の翼状形状からスターの幾何学上の複雑さがわかる。外側の防水層や断熱材そして煉瓦を取り付ける前に、構造鉄骨部材、2次鉄骨部材、煉瓦を支持するL型鋼、そしてコンクリートの屋根スラブが施工され取り付けられねばならない。
異形の長い煉瓦が、特種な角度で切断されてコーナーの部分を適切に美しく納めるために用いられた。これらの長い煉瓦は、たとえどんなに変な形に切断されたとしても、それぞれの煉瓦は少なくとも4インチ(約10.2cm)以上の長さを確保できるように設計されていた

Construction / Metal

金属工事——12,800個のパズルピース

ステイタセンターでは、外装の金属パネルにはおもにステンレスが使われている。ステンレスは20世紀初頭、カーボンスチールにクロムとニッケルを加えることで開発されたもので、錆に対する耐性をもっており、多様な使用方法があるため、多くの建築家やエンジニアによって使用されている。空気に触れると、耐食性がある酸化皮膜が表面を覆うようにできている。この薄い層は金属の光沢を損なうことなく、素地の色を保護している。錆とは違い、この皮膜は安定した無孔性の物質で、金属表面にしっかりと付着している。よってステンレスはこれにより何もコーティングしなくても表面を空気中に曝すことができる。さらにもし傷がついたとしても新しい皮膜が再生され、錆の浸食を防ぐという自己回復力も備わっている。

ステイタセンターのために指定されたのは316番という合金で、これは17%のクロムと12%のニッケルを含んでいる。この組み合わせはスチールに強い耐食性を与え、海に近い環境にも対応できるようになった。

ステンレスはロールの状態で、ピッツバーグにある製鉄工場からカンザスシティにある鉄骨加工工場へ運ばれた。そして、ロールステンレスは切断され、

窓枠材とすべての金属パネルはカンザスシティで製造され、現場までトラックで運ばれてきた

左上：金属パネルを取り付けるファスナーがコンクリートスラブに打ち込まれた

左下：表面材には特注色でポリマー塗装されたアルミなどの他の金属材料も使われた。これにより色の対比を与え、ステンレスの表面の光沢を引き立たせている。そして、波型のチタンが入口の屋根を目立たせている。チタンは独特な色合いをもっていて、その表情は見る角度によって変化する

右：凹凸の多い壁面は、この壁へのパネル取り付けをとくに困難にしている。つねに調節しながら取り付けなければならないので、多くの時間が必要とされる。パネルはすべて工場であらかじめ組み立てられているので、現場での調整の余地はほとんどない

VYCOR ULTRA
GRACE

実施設計図のとおりに成形された。とくに金属加工業者のゼイナーは、ゲーリー・パートナーズの仕事を数多くこなしてきていたので、図面から加工機械へと直接データを送るためのシームレスな手法を開発していた。

成形された金属パネルには断熱材と防水シートが取り付けられて、現場へ搬入される。建物に取り付けられると、それぞれの金属パネルの間に断熱材が充填された。その継ぎ目は、断熱材を保護しながらパネルの熱変形を可能とするよう、ステンレスのテープで塞がれ防水層で覆われた。この作業を終えると建物は基本的に風雨に耐えられるものとなる。さらにステンレスシートが金属パネルを覆うように取り付けられた。これは防水層を紫外線や傷から保護し、そして仕上げ材ともなる。ステンレスシートは青いフィルムによって養生された状態で現場に到着し、取り付けられるとフィルムは取り除かれた。

金属パネルを取り付けるための施工計画が早い段階から立てられていた。コンクリート打設時には、パネルを固定するファスナー金物がスラブに打ち込まれた。この作業はパネルの設計が完了する以前に行う必要があったため、ファスナーはTボルトとキャンディー・ケインと呼ばれるアルミニウムの山型鋼をつなぎ合わせたものとされた。キャンディー・ケインは金属パネルの台座となり、Tボルトは細長い溝を移動させて調節ができるようになっている。

建物の金属表面は最初に色が決められ、その後、形状に合わせて質感が決められた。色は金属自体の色とし、自然光を反射して晴れた日は青い色合いを帯びて輝き、曇天の日は白っぽい灰色の色合いになる。ステンレスの表面には「エンジェルヘアー」として知られている放射状の美しい仕上げが施された。その模様は光を乱反射し、反射光を和らげる効果をもっている。

表面金属材の大部分は2つのパターンにより構成されている。平坦な表面のパネルは約24×69インチ（約61.0cm×175.3cm）の大きさで厚さが14ゲージである。このパネルは垂直方向には1列に並べられ、水平方向には互いにずらされて並べられていて、全体では垂直方向の印象を与えている。パネルは重なり合っているが、縁ははぜておらず切りっぱなしである。こうすることでエッジを視覚的に薄く見せ、平滑さが強調されている。留め具は隠されていて、固定方法が見えないようになっている。

もう1つのパターンは22ゲージ厚のステンレス板で、湾曲した表面に使われている。パネルの継ぎ合わせには縁を180°曲げるひらはぜ工法が用いられている。このパネルも固定方法は見えない。この薄い外皮とはぜ継ぎにより表面は歪んで見える。鼻《ノーズ》と呼ばれるパーツでは、視覚的に他のパーツとコントラストを付け、そのデザインを強調させるために、外装に同じ厚さのステンレスを用いながら非常に光沢のある仕上がりとなっている。

とてもたくさんの傾いた外壁があるので、ほとんどのパネルの揚重にはクレーンが使われ、仕上げのステンレスの取り付けにはリフトが使われた

FOCUS : The Skin

表皮

建物は自分が住むようにつくるんだ。この仕事を成功させるには必要なことさ。常識ではありえないディテールをチェックしたかと心配になって、私は朝の3時に目が覚めてしまった。こんなことを経験できるのはこの仕事しかないだろう。
——デイブ・アーガス／カーテンウォール現場監督

ボストン南部に建てた実物大のモックアップにはじまり、最終的な製造加工レイアウト、現場でのパネルの取り付けにいたる一連の工程を経て、外装への金属の採用が決定され、最終的には金属外装システムがデザインされた。
ニューイングランドは雪や氷結に見舞われることが多い。そのため、傾斜や張り出しのある外壁には雪がたまる可能性がある部分がたくさんある。この潜在的な問題を解消するために金属パネルには熱を貯える特大の樋、雪をばらばらにするスノーピン、そして固まった氷をばらばらにするアイスナイフが設置された。
金属外壁が折り重なる景観では、平坦で厚いステンレスと微妙にうねりのある薄いステンレスの対比が強調されている。その内側には黒い防水シートが金属パネル表面に施され、外装用の金属シートの下を覆っている。完成した金属外壁は、作業がすべて終わるまで青い養生フィルムで覆われていた

Construction / Glass

ガラス工事——70,896平方フィート（約6,580m³）

有史以来、ある特定の鉱物がきわめて高温で溶けて急速に冷えるときに形成される自然なガラスは存在していた。しかし、人間が製造したガラスの最初の痕跡は、紀元前約3500年のメソポタミアにある。それは当時、ビーズと装飾品に使用されていた。建築材料としては紀元前100年頃の古代ローマ時代に最初に使用され、透明なガラスがアレキサンドリアの重要な建物の窓に使われはじめていた。

歴史をとおしてガラス生産のためにはさまざまな方法が用いられてきたが、今日最も一般的なのは1950年代に開発されたフロートガラス製法である。ガラスは70%以上が珪砂で、それにソーダ灰、石灰、および少量のアルミニウムとカリウム酸化物が混合される。これらの原料は1,500℃で溶融状態になるまで加熱され、連続したリボン状で炉から台の上に流される。ここで広がり平らになった状態で水平にアニーリング（焼きなまし）チャンバーへと運ばれる。そこでは、内部に応力を生じないようにコントロールされながら冷却される。室温に達すると指定されたサイズに切断され、そして積み重ねられて配送のために梱包される。

左：窓ガラスを運ぶためには、クレーン・アームの先のケーブルに取り付けられた大きな吸盤が必要であった

右上：マリオンに取り付けられるファスナーの間隔を決定するにあたって、安定性、強度、美しさのすべてが細かく検討された

右下：カーテンウォールはコンクリートの床スラブの前面にあるので、他階への延焼を防ぐために、スラブとカーテンウォールの間に区画が設けられなければならなかった。これらの区画は、複雑な形状のコンクリートスラブにカーテンウォールの取り付け部材が設置された後で、ディテールを見ながら現場で仕上げられた

左上：光庭の上部では、ガラスのカーテンウォールはスカイライトの大きな構造ガラスと90°の角度で交わっている

左中：光庭の上部のスカイライトでは、スプリンクラー配管と電気用導管を構造的なグリッドにぴったり合わせるのに詳細な調整が必要だった

左下：追従性のあるシール材は防水性と気密性を確保しながら、熱によるカーテンウォール部材の内部変形を吸収する

右：開閉可能な窓はペアガラス入りで、内側のガラスは強化ガラスで外側のガラスの内側は熱の通過を減少させるとともに、まぶしさを減少させるために色づけされている。窓の寸法は6〜8フィート（約1.8m〜2.4m）で、外部に手すりを設けなくてもいいように、換気の際4インチ（約10cm）以上開かないようストッパーを備えている

ステイタセンターでは、ガラスはいくつかの異なった箇所で使用される。カーテンウォールシステムの外皮、および個々の開閉可能な窓とスカイライトである。アルミニウムとガラスによるカーテンウォールシステムは非耐力壁、つまり荷重を受けない外壁で、ガラス、アルミニウム、シール材というわずかな要素で構成されるけれども、このシステムは複雑な設計基準を満たさなければならない。組立て部品は、日射熱の制御、湿気と外気の遮断、耐風性、挙動への適応、遮音等の機能を果たさねばならない。

ステイタセンターの壁が組み立てられる前に、地域の風力や積雪荷重への耐力と気密性能が一連のテストで確かめられた。テストの間、デザイン調整が繰り返し行われ、この工程をとおしてシステムが基準性能を満足することが確認できてから製造に移されていった。

FOCUS : Flood Testing

防水テスト

外部のガラスシステムにとっての最重要課題は、空気や不必要な自然光、熱とともに、雨・雪・氷等を建物に浸入させないことである。風によって吹き付けられる雨は、わずかな空気漏れの箇所があれば、そこからビル内に浸入してしまうので厄介である。ステイタセンターのために提案されたカーテンウォールシステムとスカイライトが構造的に安定していると同時に、水や空気の浸入に耐えうるかどうかを検証するための一連のテストが実施された。

試験のためにフロリダ州マイアミの試験場に、2層分の高さと1スパン分の幅をもつモックアップがつくられた。はじめに、構造的強度と気密性がケンブリッジの風速と積雪状態を再現してテストされた。次いでモックアップを用いて、2つの異なった条件のもとで漏水テストを行った。まず、

このプロジェクトが終わったら、どこへ行けるだろう。だってあなたが月に行ったら次にどこに行く？　また普通のプロジェクトへ戻ってゆく自分の姿が想像できないんだ……工学技術の関係者でいつまでも話題となるプロジェクトに関わることができたのは幸せなことだ。

——デイブ・アーガス／カーテンウォール現場監督

静的気圧試験により、建物外部各所に生ずる空気圧をモデル化した。建物内外の気圧差により生じた負圧は、たとえ小さな穴であっても、そこを通して気圧の高い外部から湿気が浸入してしまう。テストではモックアップに、平均的な普通の雨の日の状態を想定して、1平方フィート(約0.09m²)あたり毎時5ガロン（約18.9リットル）の水が吹き付けられた。2つ目のテストは動的な耐水テストで、航空機のエンジンとプロペラで壁に水を吹き付けるというものである。これらのテストの結果に基づいて、デザインチームはガスケットと端部の納まりディテール、雨樋および結露水の排出法の調整を行った。さらにマリオンに必要なナットとボルトの数、またその間隔の決定などというその他の事項が、このテストで最終決定された。

左上：建物オーナーを代表するデイブ・ルイスは、モックアップルームの中で耐水性テストの結果を記録している

右：テストを行うためのマイアミのガラスの耐水性テストの現場には、漫画に出てくるようなトラックと、飛行機のエンジンとプロペラがセットされており、まるで昔のハリウッド映画の撮影現場のようだ（左下）。プロペラは、防風の状況下で水の浸入テストに用いられた。スカンスカのプロジェクトマネージャーのポール・ヒューインズが、再現された風の状態を観察している（右上）

Construction / Interior

インテリア工事
――600万立方フィート（約18万5,000m³）の空間

建物のインテリアが外気から遮断される以前に、完成時には内部に隠れてしまう下地材を設置する工事が開始された。コンクリート打設時には、内装工事の調整はすでに行われていて、電源や照明や情報通信のためのワイヤーやケーブルを通すコンジットがコンクリートスラブに打ち込まれた。暖房・空調設備のダクト、給排水配管、電気ケーブルを縦方向に通すために、それぞれの床スラブに開口が設けられており、各フロアでこれらのシステムは水平に展開される。

コンクリート床スラブに直接打ち込むこのシステムには、建設中いくつかの課題があった。配管、コンジット、およびダクトは本設のシステムフロアが施工されるまで、一時的に保護されなければならない。このシステムフロアは、スラブから14インチ（約35.6cm）上がった2平方フィート（約0.19m²）のコンクリート製床タイルによる二重床システムである。二重床を設置する順番は、配線・配管接続工事の順序に合わせて決められた。二重床がすぐに取り付けられた部分もあったが、重要な接続部分は最後まで開いたままであった。

建物がほぼ気密になると、間仕切り工事を開始することができた。間仕切りのシステムは、標準的なフルハイトの乾式壁、フルハイトの金属スタッド露出の特注仕上げの壁、そしてベニヤ板のパーティションの3種類である。これらの3つのシステムにより、建物の基本的な構成がつくられている。これら3種類の壁の多くは、二重床が施工された後に床に固定する方法で設置されたため、二重床の下部は空いている。しかしながら、法規と安全上の理由により、コンピュータルーム、生物化学の研究室、電気と通信機器室、トイレの間仕切り壁は、コンクリートのスラブに直接アンカーされ、周囲から分離された。

二重床が取外し可能であるので、また仕上げも取外し可能でなければならない。最も経済的で汎用的な選択であるタイルカーペットは、建物のいたるところで使用されている。これらのタイルカーペットは厳しい環境基準を満たしており、剥がした後も再度貼れる粘着性のバッキングをもっている。床吹出し空調システムや配線を利用するために、二重床には穴が開けられていた。

他のおもな内装工事は、音響調節と木工事である。天井は打ち放しコンクリート仕上げとされていたが、音響的処理がさまざまなエリアで行われた。たとえば、ラウンジや、より公的なスペースのいくつかには、Bauswaphonと呼ばれる漆喰がコテで仕上げられた。この清潔感のあるスベスベした漆喰は吸音特性をもっており、おもに天井に使用されるが、「スター」では壁の仕上げにも使われた。しかしながら、この材料を塗るのには大変な手間がかかりコストが高いので、この建物では部分的に使用されている。オープンな実験室、スチューデント・ストリート、会議室では吸音パネルが代わりに使用された。講堂、クラスルーム、会議室には音響効果を考慮して多孔木製パネルが用いられた。このパネルは普通壁に多く使われているが、講堂では天井にも使用されており、吸音材で裏打ちされている。また、木工事の範囲には、廊下の幅木、研究室の窓台や棚、給湯室の収納家具、スチューデント・ストリートのつくり付け家具が含まれる。解体された20号館から取り出した木の梁や柱は、4階のパブや教員のためのダイニングルームの壁や床に再利用された。

ステイタセンターのインテリアができ上がっていくのを見るのは、発見の連

左：間仕切り壁は二重床の上に施工されるため、二重床が先に施工されなければならない。しかしながら、電気・電話データケーブルは後日二重床の下に敷設されたため、この工事のためにタイルが部分的に取り外された

右上：完成を間近に控え、一度に多くの仕上げ工事がスチューデント・ストリートの西の端で行われている

右下：照明を備えた仮設の事務作業場所は、電気工事のサブコンが仕事をするのに便利な場所である

上、中：講堂がコンクリートの打放しのたんなる箱から、吸音天井と最高級の視聴覚システムを装備した木の内装の部屋へと変化した

下：斜めの柱をまっすぐな壁に隠すのは難しい。その結果、それらはステイタセンターのいたるところの意外な場所に現れる。眺めは面白いが、家具の配置は困難である

続だった。簡素で明快な仕上げは、外部のダイナミックな幾何学的形態を引き立たせている。パーティション、内部のガラス張りの壁、2層分の空間のすべてが、いたるところユニークで予期しなかった眺めをつくり出している。面白い形の構造物、仕事のアクティビティ、自然光が建物のいろいろな場所で感じられる。鏡のそばをすばやく通るとき一瞬自分が見えるように、奇妙で見慣れないその瞬間が、それが何かを理解するより先に感覚として感じられる。この離脱体験は、毎日の日常からふっと立ち止まる良い経験である。プロジェクトが進むにつれて、まるでスローモーション映画を見るように驚異的な眺めがひとつずつ現れてきた。このセンターを建てた人々ほど、この建物の驚くべき特徴を知っている人はいないだろう。

左：建物が施主に渡される前に、建設業者は各スペースをチェックして、パンチリストを作成し、すべての小規模な手直しや小さな補修の仕事を完了させる。この過程は、建設業者側の義務のひとつであり、その後施主は最終的な支払いを行う

右：すべての二重床のタイルが一度に届けられ、施工されるまで保管されねばならなかった。1枚のタイルは40ポンド（約18.1kg）の重さがあるため、タイル取付け業者は、施工を待つタイルがコンクリートの床にとって重すぎないか確認するために構造設計者に問い合わせた

Tate

FOCUS : The Community of Workers

現場作業員のコミュニティ

A

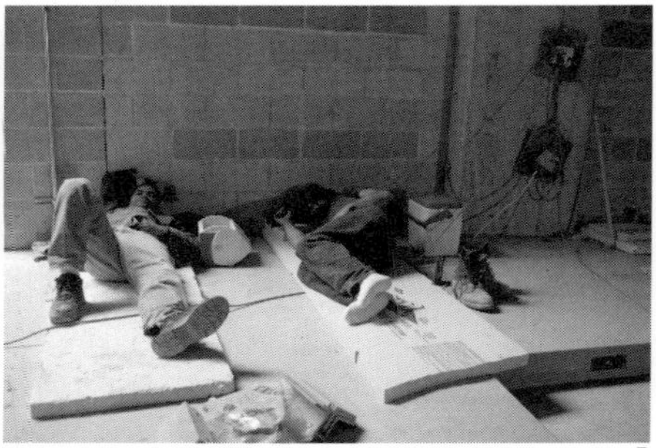

B

C

MITの研究コミュニティのメンバーがステイタセンターに移転するにあたり、ほとんどの人は彼らが最初の占有者であると考えるだろう。しかし実際は、ビルの最初の占有者は建設工事の現場作業員たちであったというべきだ。共同または個々で働いているこの男女の面々は、作業をしたり休憩時間には食事やおしゃべりをして、1日のうち8時間（ときには10〜12時間）を現場で過ごしたのである。

ほとんどの作業員は仕事場に向かうとき、指定された階段やエレベータ、指定された通路等を通って作業場所に入る。建設現場には打合せのための会議室、個人のオフィス、食事のためのキッチン、および休憩のためのラウンジがあるが、現場はオフィスビルとは違って、こういう活動のための場所が提供されているのではない。それは仕事の内容に合わせて、毎日変化していく。現場作業員は現場に到着すると、自分たちでこうした場所を決めるが、プロジェクトの進行につれて、絶えず自分たちの場所を移していくのである。この個人的、そしてチームのためのスペースは絶えず変化するにもかかわらず、結果はときに驚くほど居心地が良い。

インテリアデザインのわかりやすさは、コンクリートスラブが形成された時点から明らかであった。現場作業員は建物内に材料、設備、および人員が移動するための通路を確保した。何らかの方法で明示していたのではないけれども、これらの通路は事実上、建築家が計画した完成建物の動線と一致していた。1階部分では、ス

A：長いツーバイフォー材はみんなで食事するための即席のテーブルとなる

B：午前6時までに仕事現場に到着するよう、日の出のかなり前に家を出てくる現場作業員にとって、断熱材は休憩時間には良い寝床となった

C：エレベータはすべての現場作業員によって使用されたので、連絡やポスターや即席の飾り付け等、くだけたコミュニケーションの中心になった。たとえばクリスマス・シーズンには、木と電球で飾り付けられ家庭的な雰囲気を醸し出していた

チューデント・ストリートが工事の水平方向の主要な通路になった。そこからはしごでフロアからフロアへ移動するのだが、驚いたことに、多くのはしごが階段がつくられることになっていた場所の近くに設置されていた。もっと上層階では、動線ルートはコアを取り巻くように設定されていたが、それはステイタセンターの完成時のプランと同じであった。

建物の建設とは、しばしば見かけでは物理学の法則を無視する、不思議なものである。現場作業員は、現実には二度と存在しない空間に立つことができる。コンクリート打設前の空の型枠は空間の輪郭をつくり出すが、いったんコンクリートで満たされると、壁という物体となる。上下に延びるシャフトはダクトとコンジットで満たされて、壁という固体で覆われている。 しかし、シャフトが工事中の間は、作業員たちは簡単にそれらを横断する。新しく形成されたスラブの上に立つと、チームは建物が完成すると二度と見ることのできない眺めを、遮られることなく見ることができた。建物の外周足場からも同様の景色が眺められた。壁を横切って歩くことは、乾式壁が取り付けられるまでは毎日の出来事であった。

幽霊の足跡のように天井裏についた足跡や鉄骨の梁の落書き、そして柱と乾式壁の裏に鉛筆で書かれた指示や計算は、現場作業員の共同体が最初にステイタセンターに宿っていたというまぎれもない証しである。新しい利用者は、おそらく彼らの存在を感じることだろう。

Afterword

あとがき

キャンパスの設計——都市的、社会的、そして文化的な文脈

過去、有力な建築のパトロンであったローマ法王や権力者と違って、現代の大学は建築クライアントとしては一体の存在ではない。クライアントとしての大学は、複雑で議論好きな次の人々の集合体である——すなわち、権力をもつ理事たち、総長、学長、財務部長と投資委員会、関係する特定の領域に関心を表す学部長と学科長、同窓生、寄付者、外郭委員会、プロのアドバイザー、本質的なイデオロギーと理念的な問題について意見を戦わせ、主張する、そして影響力のある教授陣、つねに要求を口にする学生、近隣環境に関心をもつ地域団体と、工程と予算どおりにプロジェクトを完成する責任がある学内スタッフたちである。フランク・O.ゲーリーのステイタセンター設計の成功は、多様で、ときに相容れない声に対して寛大に耳を傾けることのできる度量と、安易な解決を拒否する厳格さ、およびセンターがその時代と場所がもつ社会的な状態や、文化的な出来事を鮮明に表現していることなどから量ることができる。

たんに管理する視点からみれば、このプロジェクトはMITの運営に本質的に必要なスペースを用意するものであった。それは、電力の容量やコンピュータメ

モリの容量と本質的には異なるものではない。1平方フィート（約0.93m²）あたりいくらのコストでそれをつくるか購入するかし、年度ごとにコストを見直しながら維持管理を行い、最終的にペイしなくなると処分するのである。うまく運営されているかどうかを判断するためには、ネットとグロスの予算の比率、研究と非研究スペースの比率、および連邦政府から還付されるコストのパーセンテージといった難解な指標で評価しなければならない。種々の活動を行う教室のために面積の規格を適用し、そして他の組織のコストを参照して管理コストの基準が定められる。スペースの必要性を最優先させて、それぞれの活動に最適な場所が割り当てられる。予算目標を達成するためには、厳格な価値工学に基づくリストが作成される。債務自己資本比率を心配しながら、工事代金と土地取得のために市場から融資を引き出す。「建築」という言葉を聞くと、スプレッドシート（表計算ソフト）に手が伸びてしまう。

こうした見解は現実的で、十分に適切であるが、本質からは程遠い。対照的に、デザインと視覚芸術の革新を目指す先端的な知の研究機関として、MITはこの建設プロジェクトを、数値的な経営目標を達成するために資源を合理的に配分するということだけではない。進化し続けるわれわれの文化へ重要な貢献をする独創性という点で、従来以上に野心的に考えなければならないという特別な責務を負っているのである。ステイタセンター建設の目標と優先事項が討論されたとき、すぐに指摘されたように、少なくともこの責務を達成しなくては、ありふれた学問や二流の研究を行うようなもので、MITの理念に反することとなっただろう。最終的に、ゲーリーの提案（とくに彼の才能を現しているものだが）は、効率的で実用的に組織化された研究資産として機能すると同時に、より広い都市的、社会的、そして文化的な文脈を想像力に富んだかたちで融合させた建築作品を生み出すものであった。

ケンブリッジ市の文脈

都市における建築の性格を決定する最も重要な要因は、都市が形成されていく過程と調和できる本質を備えているということである。少なくとも、その周辺地域をより便利で興味深い場所にする存在であるべきである。より潜在的には、都市の建築は集合的に組み立てられた都市構造のなかで、過去の物語を喚起し、現状についての問題を提起し、そして将来に対する夢を表出しながら、数世代にわたって自身をオープンにして変革する責務を負っている。ステイタセンターは、ケンブリッジ市の古い工業地帯の一角という厳しい条件の敷地に建てられた。そこは鉄道沿いで、居心地の良いジョージ王朝様式（もちろん大半はフェイクであるが）の建物が並ぶハーバード・スクエアや、ブラットル通りの高級住宅街からは近いとはいいがたい場所である。スチールや煉瓦といった材料や、大規模産業施設の形態の隠喩は、ケンブリッジ市が発展してきた時代をつねに想起させるだろう。その時代を示すものは、この地域が現代のメジャーな情報技術やナノテクノロジーやバイオテクノロジー研究の先端地域に変貌するにつれて、多くが厄介者として視界から消し去られるように撤去されてしまっている。

ステイタセンターが面するヴァッサー通りは、産業道路として産声を上げた。何十年もの間、MITは通りの南側に重苦しいデザインの研究所の建物を建設して、1990年代にはメイン通りからマサチューセッツ・アベニューまで連続する無気味な壁を形成していた。さらに、ヴァッサー通りとメイン通りが交差するこの場所は、南東方向は近年活気づいてきたケンドール・スクエア地区へ、北はテクノロジー・スクエアにつながる好立地であるが、古びて魅力のない建築が建ち並ぶ、暗く混沌とした地域になってしまっていた。したがって、ステイタの形態や動線システムは、これらの状況を是正し、優雅で都会的な感覚を確立するためにデザインされた。それらは、ヴァッサー通りの南側沿いに確固たるアーバンエッジを完成させ、ヴァッサー通りとメイン通りの交差点を、ケンドールおよびテクノロジー・スクエアを分断する荒廃地ではなく、活気あふれる接続点とし、さらには北東に広がるコミュニティからキャンパスへと続く魅力的な動線をつくる。総合的に計画されたMITプロジェクトにより、ヴァッサー通りの北側では、ハリー・エレンツウェイグの洗練されたスチールやガラスでできたMITエネルギー施設の増築や、チャールズ・コレアとグーディ・クランシー事務所設計によるライムストーン貼りの脳認知科学研究所によって、新たな顔がつくられている。主要なキャンパスの新たな動線ルートとして、ヴァッサー通りはキャンパスの“裏道”から、並木に彩られた歩行者優先で、自転車にも配慮した大通りへと改造された。

MITキャンパスにおける解釈の連鎖

MITキャンパスの内側では、ステイタセンターは中庭型のキャンパス構成パターンと切れ目なく接続された屋内廊下の一部となっている。この屋内廊下は無限の廊下と呼ばれ、1900年代初頭にウィリアム・ウェルズ・ボスワースの新古典主義様式のキリアン・コートおよび中央キャンパスの建物群に設けられて以来、MITのビルディングに特有のシステムである。しかしながら、過去数十年の間、キャンパスに建物を建てる際、幸いにもMITは過去に理想化されたうわべだけの柱とドーム、大学特有のゴシック様式やその類のデザインを一貫してつくるという落とし穴にはまることはなかった。その代わりに、基本的なキャンパスデザインのシステムはそのままにしながら、MITは新しい建設の潮流に合わせてその再解釈を追求した。

エーロ・サーリネンは、マサチューセッツ・アベニューの西側に、ボスワースの2つの大きな古典的ドーム建築に呼応する形で、純粋幾何学のクレスグ講堂とチャペルという、キャンパス建築の今世紀の半ばのモダニストバージョンを生み出している。I・M・ペイは60年代コンクリートを使って、水平と垂直の劇的な対比を見せるモノリシックなイーストマンやマクダーモット・コートをステイタのすぐ南に建設した。80年代には、ロマルド・ジョゴラのウィタカー・カレッジおよび健康管理ビルと、ペイのワイズナー・ビルディングに囲まれた異形のした中庭に対して、ランドスケープ・アーティストのリチャード・フライシュナーは多色舗装のポストモダンバージョンをデザインした。今、新世紀を迎え、フランク・O.ゲーリーは、もう一度テーマを再解釈したのである。

ゲーリーの生んだコミュニティ

キャンパスの中心から南に向かって行くと、カーテンウォールとコンクリートのフレームが特徴的な既存の建築群が、ゲーリーの建物の中庭の東、南、西側を取り囲んでいるのが見て取れる。最終的にはメイン通りに沿って新しく建設されるこの建物が、その囲いを完成させることになる。ステイタはヴァッサー通りに沿って北側にそびえている。2つの煉瓦仕上げの高層棟が、基壇の野外劇場から、寺院が点在するギリシャのアクロポリスのように段々と登ってゆく不規則な形の屋上庭園群を取りまとめる働きをしている。MITがチャールズ川の湿地帯の埋立地に、今日では若干違法であろう方法で建設されてから、この人工の山がMITで唯一の垂直方向の地形を形づくっている。しかし、劇場ではめったにない古典的な大演説は期待しないで欲しい。というより、劇場はより庶民的なモードで、毎日来ては昼食を売る、みんながあてにしている屋台トラックのために舞台を提供している。ファラフェル(ひよこ豆のコロッケ)を購入して、日光にあふれたひな壇の好きな場所へ持って行けば良いのである。

これらのテラスは、他の建物の落とす影より上にあり、周囲の構造物は厳しい風から守ってくれる。その結果、このキャンパスの特別な場所の局所的な気候がより快適なものになれば、とくにボストンのひどく冷たい早春と急激に冷え込む秋には効果的だろう。これらテラスの基壇部分は、横にそびえる2つの高層棟とともに、わかりやすく柔軟性がありかつ実践的な構成をもつ、比較的安価で建設された非常に広い実験および研究室空間を内包している。この豊富な作業空間は、この建物の知と収益の源であり、自らの存在を正当化するものである。その作業空間は、たいてい、研究室群に囲まれたオープンな研究エリアの組織体であり、それぞれの研究コミュニティに特有の目標と、建築家とクライアントグループの間で交わされた真剣で広範囲にわたる徹底的な議論から生まれたダイナミクスを具現化するものである。これは、ゲーリーの名声を確立した1970年代の〈ラウス社本社ビル〉や1980年代の〈ロヨラ大学ロースクール〉といった早期のプロジェクトと同様に、社会への貢献という意味合いにおいて、非常に厳しい条件の下で創造性に富んだ問題解決策を提示する建築である。

まったく予期せぬ美しい方法

現代の研究スペースとして必要かつ標準的な基準を満たしながら、ステイタは研究目的の変更や新たな知的課題に迅速に対応できるように、大きな床面積、モデュールシステム、および十分な容量を備えている。20世紀の後半、MITや他の大学研究機関は、この要求を満たすために、巨大で繰り返しによる野蛮な建築表現を非常に安易に行ってきた。それはキャンパスや近隣地域のヒューマン・スケールを破壊するもので、60、70年代にはキャンパスを非人間的なものにしてしまった。しかし、ゲーリーのステイタのデザインは、「とんでもない。こんな計画じゃやってられない」と語っている。

彼のデザインは、建物のボリュームが非常に大きくなる場合にも、内部の効率性と柔軟性を損なうことなく、彫刻的な形態を実現できることを巧みに示している(床の周辺部に対する全面積の比率が大きい場合は、その形の多少のねじれや出っ張りはあまり問題とならないのである)。そして、建物の大きなボリュームは、エントランス空間、ミーティング等のパブリックなスペース、重要な研究室、および他のより公共的な機能を内にもつ、より小さくかつ彫刻的なデザインを施され大半は金属で覆われた構造体を、滝が落ちるように随所に配することでスケールダウンされている。いくつかの場所では、かつてこの地に建っていた愛すべきしかし古くなってしまった20号館がもっていた、わかりやすく柔軟なインテリアの雰囲気と明確に分節された非反復的な外部デザインが、いかに巧みに組み合わされたかをただちに見て取ることができるのである。

ある部分ではまた、まるでピラネージが描いた空間にあるような、やや大きなスケールの裂け目、洞窟、山を貫く峡谷のようなインテリアスペースを形づくる技が見て取れる。これらは、光や視線を建物の中心奥深くまで導く、まったく予期せぬ美しい方法である。そして、それらの隅っこやすき間は、さまざまな社交スペース、インフォーマルな作業空間、そして本やコーヒーを片手に逃げ込む場所をつくりだしている。これらのスペースのうちで最も壮大な1階のスチューデント・ストリートは、ステイタが無限の廊下システムにつながっている部分である。しかし、他のほとんどの無限の廊下の部分と異なり、それはたんにどこかへ移動するための高速道路ではなく、この建物の独自の場所としてデザインされている。

デジタル化がもたらす新たな自由の開拓

機械化時代におけるデザインドグマによると、これらすべての人間的で彫刻的な表現と多様で楽しい空間は悪とされる。建築家は、ぞっとするように単調なMITの13号館のように、モデュール化、繰り返し、そして経済規模を優先してそれを徹底的に排除するべきであるとされる。他にも、何人かのMITの強硬論者がいまだ熱烈に支持する、MITを大きくしてきたケチな合理性の方針へも立ち向かわなければならない。しかし、時代と技術は変わる。今日、3次元のデジタルモデリングによるデザインと、CAD/CAMを利用した製作および、現場でのデジタル化された組立ての融合は、反復的なデザインと非反復的なデザインの間のコストの差をほとんどなくしてしまった。つまり、産業時代のモダニズムの伝統な美的概念は、もはや現代の生産の実情にそぐわないものになっているのである。フランク・ゲーリーは、これまでの設計が標準と定めてきたことから脱却して、デジタル時代がもたらす新たな自由を開拓することにおいて、現代の他の建築家より秀でている。ステイタは、バルセロナのウォーターフロントの魚形の〈パビリオン〉にはじまり、次いで〈グッゲンハイム美術館ビルバオ〉および〈ディズニー・コンサートホール〉で新たな領域に達した、デジタルが可能にする新しい建設の可能性の探求を続けている。

ステイタの空間と形のデザインボキャブラリーは、〈ビルバオ〉と〈ディズニー〉で用いられた、舟艇と航空機の流れるようなスプラインカーブを繰り返したものではない。それは、初期のモダニズムが好んだ立方体、円柱、球そして円錐のレパートリーほど純粋で抽象的ではなく、20世紀末のポストモダニズムのある時期に生み出された、歴史的作品の真似事や際物のような文字どおりの模倣でもない。その代わりに、豊かで、しかし、多様な解釈を許容する隠喩に富んでいる。それは、初期のスケッチのリズムや初期の模型が曲げられ、折られ、しわくちゃになった紙の形を見ると、建築家の手から生み出された躍動的な表現から読み取ることができる。遠くから眺めると建物の立面図は、突然キュビストのキャンバスのように見えてくる。とくに、フェルナン・レジェの機械にとりつかれたような、物体および都市の表現に似ている。

建築家にとって、既成概念から逸脱した形状の金属板は、CAD/CAMによる建設について新しい言語で書かれたマニュアルである。写真家にとっては、金属、ガラスおよび石の表面は、複雑で時折はっとさせられる陰影と反射光の絶妙な組み合わせの美しさを見せる。観念論を語る都市計画の専門家にとっては、ステイタの複雑さ、驚き、旧態依然としたシステムの拒絶は、(カミロ・ジッテに頷きながら)キャンパスのメインの建築群をベルサイユからアルベルト・シュペアーまでが表現したような権威主義的な建築表現とする、あまりに安易な評価に対する戒めとなるであろう。ユーモアのセンスのある人々にとっては、立面は周囲の目標物へのホットリンクを張ったウェブページのように機能する。たとえば、細長い逆円錐型の構造体は、確かにグリーン・ビルディングの上に据え付けられているアイスクリームのスクープの形に似たレーダードームを向いている。そして、アルヴァ・アアルトの〈ベーカー・ハウス〉を愛する人々にとっては、ゲーリーの仕事は偉大なる先達への敬意を表したものである。たとえば、2人の達人が、矩形の窓を規則正しい間隔で、曲面や不整形な壁に取り付けた方法を比較してみると良い。

ステイタは、古典的建築の美点とされる統一性と時代に左右されない様式美を追求するものではない。代わりに、かつて伝説的な放射線研究所が建っていた地に建つ建物にふさわしく、巨大な応答機のように機能する。自分の先入観、思考、願望を異なる文化の波長でステイタに対して発信すると、驚くべき挑戦的なメッセージが返ってくることだろう。MITが21世紀には複雑で、多様で、多文化の、ときおりは矛盾するコミュニティになるというのは、おおむね正しい方向であろう。

ウィリアム・J.ミッチェル

Index

索引

■あ

アーバンデザイン　urban design　068

アクセスフロア（二重床）
　→床吹出し空調システム　raised floor

アラムナイ・プール（プール棟、MIT）
　Alumni Pool(MIT)　059

アルヴァ・アアルト　Aalto, Alvar　215

イーストマンコート（MIT）　Eastman Court(MIT)　063

イーストマン研究所（6号館、MIT）
　Eastman Laboratories(Bldg. 6; MIT)　046

色分布による明るさのシミュレーション
　false-color technology　118

ウィリアム・J.ミッチェル　Mitchell, William J.　28

ウィリアム・ウェルズ・ボスワース
　Bosworth, William Welles　041

ウィリアム・バートン・ロジャース
　Rogers, William Barton　038

ウォレス・フロイド事務所
　Wallace Floyd and Associates　060

エーロ・サーリネン　Saarinen, Eero　043

オランウータン集落　Orangutan Village scheme　084

音響調節　acoustical treatments　201

■か

カーテンウォールシステム　curtain-wall system　192

カール・コンプトン　Compton, Karl　047

型枠　formwork　161

ガラス　glass　192

キヴァ　Kiva　172

教育学習センター
　Teaching and Learning Center(MIT)　069

キリアン・コート（MIT）　Killian Court(MIT)　211

金属　metal　184

グッゲンハイム航空研究所（33号館、MIT）
　Guggenheim Aeronautical Laboratory(Bldg. 33; MIT)　046

グッゲンハイム美術館（スペイン、ビルバオ）
　Guggenheim Museum(Bilbao, Spain)　214

掘削　excavation　152

クリス・ケリー　Kelley, Chris　148

クリストファー・ターマン　Terman, Christpher　29

ゲイツ・ビルディング（MIT）
　Gates Building(MIT)　104

ゲーリー・パートナーズ
　Gehry Partners　012, 062, 093, 142

ゲーリー・パートナーズと専門サブコン
specialty subcontractors and Gehry Partners 150
研究エリア research areas 124
言語哲学学部（L & P、MIT）
Linguistics and Philosophy Dept.(MIT) 064
建築学科（MIT） Architecture Dept.(MIT) 041
ケンドール・スクエア（マサチューセッツ州ケンブリッジ市） Kendall Square(Cambridge, Mass.) 050
現場作業員のコミュニティ
workers' community 206
ケンブリッジ・センター（マサチューセッツ州ケンブリッジ市） Cambridge Center(Cambridge, Mass.)
036, 050, 152, 209
構造鉄骨 structural steel 169, 174
コミュニティのための空間 community spaces 121
コンクリート concrete 160
コンピュータ・サイエンス研究所（LCS、MIT）
Laboratory for Computer Science(MIT) 064
コンピュータ・サイエンスと人工知能実験室（MIT）
Computer Science and Artificial Intelligence Laboratory(MIT) 113
コンプトン研究所（26号館、MIT）
Compton Lab(Bldg. 26; MIT) 044

■さ
サーボ機構研究所（Servo研究所、MIT）
Servomechanism Lab(ServoLab; MIT) 046
実施設計図 construction documents 146, 150
ジェームズ・ベッカー Becker, James 143
室内構成 interior organization 080
シャンボール城 Chambord, Château de 107
集中豪雨管理システム
storm-water management system 101
情報決定システム研究所（LIDS、MIT） Laboratory for Information Decisions Systems(MIT) 064
照明計画 light studies with models 118
植民地風邸宅 Colonial Mansion scheme 084
ジョン・R. フリーマン Freeman, John R. 042
人工知能（MIT）
Artificial Intelligence Laboratory(MIT) 064
スカンスカUSA社（スカンスカ）
Skanska USA Building 022, 143
スコット・マッケンジー McKenzie, Scott 166
スター Star 182, 201
スチューデント・ストリート
Student Street 076, 170, 201
ステンレス鋼 steel, stainless 184
ストーン・アンド・ウェブスター・エンジニアリング・コーポレーション Stone and Webster Engineering Corporation 043
スラリーウォール slurry-wall 153, 157
ゼイナー社 Zahner, A., Company 188
生物化学研究所（MIT） Biology Bldg.(MIT) 060
施工図 shop drawings 145
設立宣言 charter for Stata Center 053
セメント cement 160
測量 surveying 166

■た
耐火性 fireproofing 169
第2次世界大戦 World War II 047
チタン titanium 104, 186
地中アンカー tirback rods 156
地中連壁工法→スラリーウォール
diaphragm-wall construction, see slurry-wall support system
チャールズ・ベスト Vest, Charles M. 053
駐車場 parking 152
長方形のビル bar building(s) 043
ツインズ Twins 107
ティーチングスペース
teaching spaces 085, 113, 120
ディズニー・コンサート・ホール（ロサンゼルス）
Disney Concert Hall(Los Angeles) 214
デイブ・アーガス Argus, Dave 191, 199
デイブ・ルイス Lewis,Dave 199
データへのアクセス性 date connectivity 117
テクノロジー・スクエア（マサチューセッツ州ケンブリッジ市） Technology Square (Cambridge, Mass.) 050
鉄筋 rebar 164
電気工学とコンピュータ・サイエンス学部（EECS、MIT）→36号館 Electrical Engineering and Computer Science Dept.(EECS; MIT) ; see also Building 36
トータル・ステーション（測量装置） Total Station(surveying system) 167
ドレフス・ビルディング（MIT） Dreyfood Building (MIT) 104

■な
ナンシー・E. ジョイス Joyce, Nancy 025, 148
荷捌場 shipping/receiving facility 062

日本家屋　Japanese House scheme　084
脳認知科学研究所（MIT）
Brain and Cognitive Science Bldg.(MIT)　068

■は
ハーバード・カレッジ　Harvard College　036
鼻（nose）Nose　174, 189
ビーコン・スカンスカ建設会社→スカンスカUSA社
Beacon Skanska Construction Company
ビッグ・ディッグ（マサチューセッツ州ボストン市）
Big Dig(Boston, Mass.)　144, 153
フェルナン・レジェ　Leger, Fernand　014
プラット・スクール・オブ・ナバル・アーキテクチュア（5号館、MIT）　Pratt School of Naval Architecture (Bldg.5; MIT)　046
フランク・O.ゲーリー
Gehry, Frank O.　036, 142, 176, 180
フランク・O.ゲーリー・アンド・アソシエイツ→ゲーリー・パートナーズ　Frank O. Gehry and Associates(FOGA)
プレイリードックの街
Prairie Dog Town scheme　084
フロートガラス製法　float-glass process　192
平面図　plans　136
ベーカー・ハウス（MIT）　Baker House(MIT)　215
ペリ・システム　PERI System　161
ヘルメット　Helmet　108
放射線研究所（Rad Lab、MIT）→20号館
Radiation Laboratory(Rad Lab; MIT)
防水　waterproofing　198
防水テスト　flood testing with models　198
ポール・シーボルト　Theibalt, Paul　183
ポール・ヒューインズ　Hewins, Paul　199
北東部分（MIT）
Northeast Sector(MIT)　050, 058, 097
ポラロイド社　Polaroid Corporation　050
ボリューム　massing　072

■ま
マクダーモットコート（MIT）
McDermott Court(MIT)　063
マサチューセッツ工科大学
Massachusetts institute of Technology　036
無限の廊下　infinite corridor　042
模型　models　013, 092, 144

■や
野外劇場　amphitheater　088
床吹出し空調システム　Under-floor displacement system　027, 101, 116, 201
予算　budget　014, 095

■ら
リチャード・C.マクローリン
Maclaurin, Richard C.　040
リック・ソーザ　Souza, Rick　175
立面図　elevations　128
レイ・アンド・マリア・ステイタ
State, Ray and Maria　036
レイカー　rakers　157
煉瓦工事　masonry　176
ロジャース・ビルディング（7号館、MIT）
Rogers Building(Bldg.7; MIT)　046
ロジャース・ビルディング（MITボストンキャンパス）
Rogers Building(MIT Boston campus)　039
ロヨラ大学ロースクール
Loyola Univ.Law School　212

■数字
5号館（MIT）　Building 5(MIT)　046
6号館（MIT）　Building 6(MIT)　046
7号館（MIT）　Building 7(MIT)　046
20号館（旧）（MIT）　Building 20(MIT)　026
20号館（MIT）　Building 20(MIT)　046, 201
22号館（MIT）　Building 22(MIT)　047
26号館（MIT）　Building 26(MIT)　058
33号館（MIT）　Building 33(MIT)　046
36号館（MIT）　Building 36(MIT)　076
56号館（MIT）　Building 56(MIT)　058
66号館（MIT）　Building 66(MIT)　058
68号館（MIT）　Building 68(MIT)　060

■A～Z
CATIA　CATIA　022, 093, 146, 161
NASA　NASA　050
T.コールマン・デュポント　du Pont, T. Coleman　040

訳者あとがき

〈グッゲンハイム美術館ビルバオ〉に続いて、ゲーリー・パートナーズが設計を手がけたこのMITのコンピュータ・リサーチセンターは、ゲーリーにとって重要な転換点となるプロジェクトである。通常、ゲーリーのようなデザイン主体の設計事務所の場合、設計契約は基本設計までとし、実施設計以降は他の地元の設計事務所が執行建築家〈Executive Architect〉として担当し、ゲーリーはデザインアーキテクト〈Design Architect〉として、デザインの監修程度の役割を果たす場合が多い。その要因の多くは州ごとに建築士ライセンスが必要である米国の事情によるものであるが、それにも増して建設業は基本的にローカルな産業であるという事実が背景に存在している。設計図に印をついて、建物の品質についての責任を負うのは執行建築家なのである。〈グッゲンハイム美術館ビルバオ〉においても、ゲーリーの事務所は実施設計の一部を行ったのみで、大半は地元スペイン・ビルバオのエンジニアリング会社IDOM〈イドム〉社が行っている。しかしながら、このシステムでは他人が設計を引き継ぐことで、デザイン意図が伝わらなかったり、仕様が変更されたりしてしまうという弊害があるため、MITのプロジェクトでは、設計情報をより正確に施工者へ伝達するために、施工図まですべてをゲーリーの事務所で内作する体制に切り替えている。ゲーリーのデザインを確実に実現するために、既存のデリバリーシステム(業務形態)を見直したのである。

加えて、ステイタセンターでは、ゲーリーの特異な建築形態を実現するため、ビルバオで試みられた製造業のテクノロジーの利用が、より発展された形で用いられている。設計は基本的に航空機デザインのために開発された3次元CADであるCATIAで行われ、CATIAの3次元データが設計から生産のすべての過程にわたって直接または他のフォーマットへ変換され、利用された。とくに、複雑な形状のデザイン部分では金属パネルが多用され、金属加工のサブコンはCATIAデータを使って直接NC機により金属パネルを切断・加工しており、ゲーリーのデザインの実現には今や製造業の技術が必要不可欠となっているのである(図参照)。

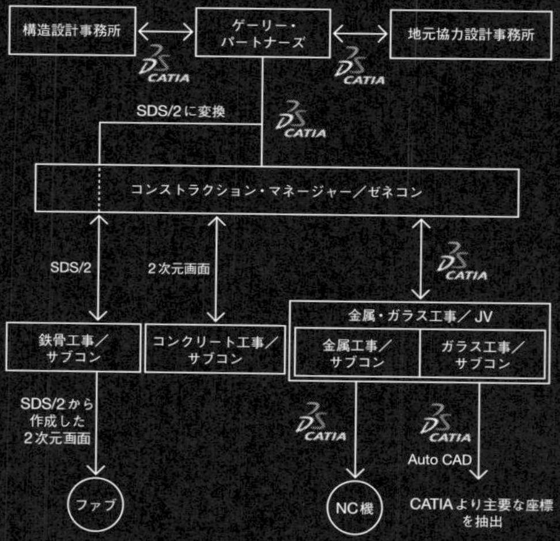

ステイタセンターの設計情報の流れ
(SDS/2：鉄骨加工用CADプログラム)

原著者であるナンシー・E.ジョイス氏は、オーナーであるMITのプロジェクト・ディレクターとしてこの困難なプロジェクトを実現するために、プロジェクト・マネジメントに手腕を振るった。その評価により、ゲーリーが次に手がけたカナダのプロジェクトでも、彼女は乞われてマネジメントを行っているほどである。筆者は、ハーバード大学デザイン大学院で博士論文のためデザインテクノロジーと建設マネジメントについての研究を行った際、事例研究としてこの建物を調査したが、ちょうど地下工事から竣工までの約3年半を詳細に見守ることができるという幸運に恵まれた。

ジョイス氏には、当時から情報提供や現場見学の便宜を図っていただいたという経緯があり、日本語版刊行にあたっては企画段階からアドバイスや図版の提供等全面的に協力いただいた。また、筆者の博士論文研究のアドバイザーのひとりであり、MITにゲーリーの建築を実現するのに中心的役割を果たされたウィリアム・J.ミッチェル教授には、デジタル時代の建築設計と生産について示唆ある言葉をいただいた。ここに謝意を表したい。なお、本書翻訳にあたっては下訳の大部分は筆者の大学研究室のゼミで行った。以下の諸君にも謝意を表する：佐々木大輔、島岡渚、友利友樹、丹羽睦巳、橋本佳典（以上学部学生）、石田匡一、竹中理恵、富樫正英、西慎太郎、長谷川知香、藤井将平（以上大学院生）。鹿島出版会の久保田昭子さんには、的確な編集・校正と工程管理により本書を実現に導いていただいた。末筆ながら、感謝いたします。

松島史朗

まつしま・しろう

国立大学法人　豊橋技術科学大学　地域協働まちづくりセンター／建設工学系　助教授。ハーバード大学博士（デザイン学）、建築家。1958年島根県生まれ。京都大学工学部建築学科卒業、同大学院修了後、カジマデザイン（鹿島建設建築設計部）に勤務し、ホテル・医療施設・オフィスビルを中心に建築設計・監理業務を担当。阪神淡路大震災復旧業務にも携わる。その間、同社海外派遣留学制度により米国ハーバード大学デザイン大学院に学び建築学修士を取得。2000年同社を退職し、文化庁派遣芸術家研修員として渡米。マサチューセッツ工科大学客員研究員を経てハーバード大学デザイン大学院博士課程入学。学位取得後同校研究員、講師を経て現職。

図版クレジット

Gehry Partners, pages 012, 044(bottom), 067(top right, bottom right), 069-089, 094-099, 102(top), 106-110, 119, 122(top, middle), 123-139

Haley & Aldrich, Inc., pages 154(bottom), 159(bottom)

Image Archives of the Historical Map & Chart Collection/Office of Coast Survey/National Ocean Service/NOAA, page 037(bottom)

Library of Congress, Geography and Map Division, Washington, D.C., page 037(top)

MIT Dept. of Electrical Engineering and Computer Science Archive, page 048(bottom)

Courtesy MIT Museum, pages 039(top), 041-044, 048(top), 052, 054,(top left), 062

Judith Nitsch Engineering, Inc., page 102(bottom)

Masakazu, Ishida, cover, and pages 001, 010-011(photo), 015(top right, middle), 020(top, bottom)

Olin Partnership, page 103

Skanska USA Building Inc., pages 111(top, bottom), 159(photo), 166(bottom)

Richard M. Sobol, pages 008, 013, 014-016(top), 017-019, 020(middle), 021-023, 054(top right), 067(top left, bottom left), 111(middle), 145-154, 155(B, C), 158, 162-165, 166(top), 167-169, 207

Wallace Floyd Design Group, page 059; model photograph by Sam Sweezy, page 063(top)

Wilfried Kramb, pages 052-053

www.mapsovertime.com, page 039(bottom)

Asyl design (generated from the 3D data provided by Gehry Partners), pages 034-035, 056-057, 090-091, 140-141

フランク・O.ゲーリーとMIT
ステイタセンターのデザインと建設のプロセス

2007年1月25日　第1刷発行©

著者：ナンシー・E.ジョイス
訳者：松島史朗

発行者：鹿島光一
発行所：鹿島出版会
100-6006　東京都千代田区霞が関3-2-5　霞が関ビル6F
電話　03-5510-5400
振替　00160-2-180883
http://www.kajima-publishing.co.jp/

アートディレクション＆デザイン：
ASYL DESIGN（佐藤直樹＋石田秀樹）
印刷・製本：三美印刷

ISBN978-4-306-04480-7　C3052　Printed in Japan

本書の内容に関するご意見・ご感想は下記までお寄せください。
info@kajima-publishing.co.jp